FRAGMENS

D'UN

VOYAGE

SENTIMENTAL ET PITTORESQUE

DANS

LES PYRÉNÉES.

FRAGMENS

D'UN

VOYAGE

Sentimental & Pittoresque dans les
PYRÉNÉES,

OU

LETTRE

ÉCRITE DE CES MONTAGNES.

PAR M. de ST. AMANS.

C'eft-là que la nature, & plus riche & plus belle,
Signale avec orgueil fa vigueur éternelle;
C'eft-là qu'elle eft fublime . . . . . .
SAINT LAMBERT, *Poéme des faifons.*

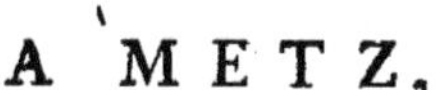

A METZ,

Chez DEVILLY, Libraire, Rue Fourni-rue.

1789.

FRAGMENS

D'UN

VOYAGE

SENTIMENTAL ET PITTORESQUE

DANS

LES PYRÉNÉES.

À la Société réunie de mes Amis les plus intimes.

J'ACQUITTE aujourd'hui près de vous, mes chers amis, les engagemens de mon cœur, & vous prie d'agréer l'hommage qu'il ne cessa de vous adresser tous les jours de mon absence.

Des réflexions bonnes ou mauvaises sur ce que j'ai bien ou mal vu ; des descriptions faites à la hâte sur les lieux même que j'ai

A

décrits : quelques courſes dans les montagnes où mon eſprit s'eſt exalté ; quelques recherches d'hiſtoire naturelle où il s'eſt peut-être égaré : des événemens ordinaires, des détails minutieux ; ajoutez-y nulle prétention, de la bonne foi, une vérité rigoureuſe : ſi tout cela peut vous plaire, ou mériter votre indulgence, liſez.

Je vous fais grace des deux premiers jours de route d'Agen à Touloufe, & de mon féjour dans cette derniere ville ; mais je ne puis m'empêcher de vous entretenir un peu de Lévignac, où des circonſtances particulieres que vous connoiſſez, m'ont obligé d'aller paſſer vingt-quatre heures.

Lévignac eſt un village à quatre ou cinq lieues de Touloufe. On n'y voit rien de remarquable que l'élégante maiſon de M. Dubarri, & celle des Dames de la congrégation de St. Maur, vulgairement appellées *Dames noires.* Je ne vous dirai rien de la maiſon de M. Dubarri ; mais je vous parlerai du penſionnat des *Dames noires.* Quoique ſa fondation ne remonte encore qu'à peu d'années, il jouit déja d'une grande célébrité, c'eft l'école de la fageffe & de la raifon ; c'eft l'école des meres de famille, & des femmes comme il feroit à fouhaiter qu'elles fuffent prefque toutes. L'effentiel cependant n'y fait point négliger l'agréable : on y trouve de bons maîtres dans tous les gentres. De la falle de deffein où l'on travaille fous les yeux d'une de ces dames, je paffe dans la falle de mufique, où préfide une Demoifelle aggrégée. Arrêtons - nous ici ; mais ne croyez pas que je puiffe jamais vous dire combien je fuis ému, combien je fuis tranfporté, hors de moi-même. J'avois écouté, j'avois applaudi plufieurs éleves qui chantoient ou jouoient du *piano forte* avec beaucoup de complaifance & d'agrément. La fupérieure fait un figne. Auffi-tôt avec un accord infini, avec une harmonie célefte, tout le penfionnat entonne à la fois un hymne en action de graces pour les divers bienfaits que l'Etre fuprême a répandus fur notre exiftence. C'étoit cent voix enfantines & pures ; c'étoit un chœur d'Echo & Narciffe du célebre

Gluck (1) , auquel on avoit adapté des paroles religieuſes. Cet hymne avoit quelque choſe d'attendriſſant , de ſolemnel , dont je ne puis rendre l'idée : il portoit dans l'ame une forte d'émotion qui provoquoit de douces larmes. Ah ! que bien peu de fois en ma vie j'ai été auſſi fortement ému que je le fus dans ce moment , ſans que perſonne autour de moi ſe doutât qu'il étoit poſſible de l'être !

Le local de cette penſion eſt ſuperbe. La maiſon n'eſt pas belle quoique ſpacieuſe ; mais le parc eſt fort étendu , & l'air excellent. Le nombre des éleves eſt conſidérable ; toutes ont l'air de contentement & de gaieté qui annonce le bonheur, & convient à la jeuneſſe heureuſe.

Oublierons - nous la Botanique ? J'ai herboriſé dans les bois ou retour de Lévignac ; c'eſt-à-dire, que j'ai marché dans les taillis qui bordent quelquefois la route.

____

(1) Celui qui commence ainſi ; *le Dieu de Paphos & de Gnide.*

Ces taillis font remplis de Cifte à feuille de Sauge. J'y ai trouvé auffi le Mélampyre des prés, le Mélampyre crêté; & le long du chemin, la Vipérine italique, le pied d'Oifeau délicat, & le *Bunias Erucago*, duquel M. de la Marck a fait une *Cameline*.

Il y a deux chemins à prendre pour fe rendre de Touloufe à Barége; le premier par Auch eft le plus court & le plus fréquenté; le fecond par Cominges, eft moins connu des voyageurs; c'eft en faveur de celui-ci que je me décide.

Le 30 de Juin, je pars de Touloufe, je dîne à Noé, je couche à Martres. A une lieue environ de ce dernier village, étant defcendu de la voiture, & marchant dans le chemin, je remarquai deux colonnes de pierre enclavées à moitié dans le mur d'une maifon (je crois que c'eft la derniere avant d'arriver à Martres); ces colonnes font chargées d'infcriptions qui m'ont paru très-anciennes. Je n'ai pu les copier, ni même les lire, à caufe de la mâçonnerie dont elles font en partie recouvertes.

Nous avons traverſé ce matin Muret, petite ville à quatre lieues de Touloufe, fameuſe dans l'Hiſtoire du Languedoc par une ſanglante bataille entre Simon-de-Monfort & Pierre, roi d'Arragon, qui y fut tué. Cela remonte à la guerre des Albigeois; c'eſt-à-dire, au 13e. ſiécle.

La Centaurée galactite, *Centaurea galactites*, qui depuis Valence en Agénois nous avoit fidélement accompagnés ſur la route, nous a quittés cette après-midi.

Le 1er. de Juillet, nous entrons dans les premiers défilés des montagnes par un vallon charmant. Des collines très-élevées bordent des deux côtés ce large & fertile vallon. En face ſe préſentent majeſtueuſement les hautes pyramides des Pyrénées, dont les ſommets ſont encore couverts de beaucoup de neige. Rien de ſi ſuperbe que ce coup-d'œil. Il eſt ſix heures du matin. L'air eſt embaumé, pur & tranquille, les roſſignols chantent de toutes parts : je voudrois ici un poëte.

A huit heures, la ſcene change, ſans devenir moins belle. Le chemin nous fait

tourner à l'Oueft. Nous revoyons la Garonne. Hélas ! elle n'eft plus qu'un large
torrent ! une petite ville fe préfente ; il y a
des manufactures de gros draps ; c'eft Saint-
Marthory. Au - delà de cette jolie petite
ville, la Garonne fe rapproche beaucoup de
la route, qui ne peut s'en éloigner parce-
qu'elle fe trouve refferéé en cet endroit contre des rochers qui défient tous les ingénieurs
de l'univers. Ces rochers font amoncelés
d'une maniere effrayante. La Garonne roule
tumultueufement fes eaux à vingt toifes de
profondeur fur d'énormes cailloux ; au deffus de nos têtes, de menaçans quartiers de
pierre qui femblent n'attendre qu'un fouffle
du Zéphyr pour écrafer les voyageurs ; à
nos pieds une infinité de plantes odorifé-
rántes & rares, tel eft le lieu de la fcene :
avec le poëte il me faudroit un botanifte.

Mais que vois-je ? de l'autre côté de la
Garonne un château gotique s'éléve fur des
rochers qui plongent dans l'eau du jeune
fleuve : avec le poëte & le botanifte, il me
faudroit un deffinateur.

Nous continuons notre route à travers des

campagnes fertiles & bien cultivées, les hautes Pyrénées font fur notre gauche. Nous voyons divers villages dans lefquels régnent l'air de l'aifance & de la gaîté ; nous arri‑vons à Saint‑Gaudens ; nous y dînons.

C'eft à Saint‑Gaudens, chef‑lieu du Né‑boufan, que s'affemblent les Etats de ce territoire, fi l'on peut s'exprimer ainfi. Quel diminutif des Etats de Bretagne ou de ceux du Languedoc ! le Néboufan ne renferme que cinquante‑huit communautés ; la feule élection d'Agen en contient cent quarante. Ici, comme dans les villages des environs, fe fabriquent des étoffes de laine, qui font une des principales richeffes du pays. Plus de vignes. Nous avons trouvé hier & au‑jourd'hui des voiturins *de la montagne*, qui vont chercher à Touloufe du mauvais vin pour le vendre fort cher à leurs compa‑triotes, & plus cher, fans doute, encore aux étrangers.

Saint‑Gaudens eft un gros village, que fes habitans ne font point difficulté d'appel‑ler ville. Ville ou village, tout y refpire un air de richeffe & de profpérité qui fait

plaifir : telle eft l'influence du commerce ;
outre les étoffes de groffe laine, dont j'ai
parlé , on exporte encore de Saint-Gaudens
de la bonneterie & des grains.

Même air de propreté & d'aifance à
Montréjeau. La plupart des maifons y font
couvertes d'ardoife, & d'ailleurs bien bâties.
On y jouit de la plus belle vue du monde,
les Pyrénées paroiffent en amphithéâtre au-
delà de la Garonne : les premieres chaînes couvertes de fougeres , les autres de
bois ; les dernieres de neige. Au pied de
ces montagnes eft une plaine riante & fertile dont on ne peut détourner les yeux.
Un pont de bois traverfe la Garonne au bas
de Montréjeau. Oh que cette riviere eft ici
petite fille ! comme elle a l'air de fe pref-
fer d'aller voir nos cantons ! je lui donne
mes commiffions pour vous , fans exiger
cependant qu'elle aille vous trouver dans
vos demeures. Rien de fi agréable que le
port de Montréjeau. On eft enchanté de
l'air d'activité qui l'anime. Lorfque j'y def-
cendis en herborifant le long d'un fentier
couvert d'arbres , trois cent Montagnards

de tout âge étoient occupés à la conftruc-
tion de plufieurs radeaux. Quelques unes de
ces piles de bois flottantes doivent partir
demain pour Bordeaux : plus heureux que
moi , les Montagnards qui les conduifent ,
vont voir nos rivages , nos plaines , nos
villes de la Guyenne ; ils pafferont fous vos
fenêtres , & peut - être . . . . . Mais il eft
inutile de vous ennuyer de mes regrets.

Le 2 , ah! quel affreux chemin ! il eft
pavé de gros cailloux qui portent à chaque
inftant notre voiture aux nues. Au furplus ,
le pays eft toujours charmant ; les Pyrénées
font toujours fur notre gauche , & nous les
ferrons toujours de plus près. Malgré cela
je maudis mille fois la route : tous les ani-
maux voiturans , voiturins & voiturés , de-
mandent grace. Depuis Saint - Gaudens le
chemin s'étoit gâté ; fans doute , ces déteftables cailloux nous fatiguoient ; mais ici ,
mais depuis Montréjeau , le cahottement eft
à fon comble. A cela près le voyageur eft
fatisfait.

Nous retrouvons les vignes ; non pas
huchées fur des Erables comme avant Saint-

Gaudens, mais fur des arbres fruitiers : cela vaut mieux fans doute. Prefque toutes les portes & les fenêtres des maifons font encadrées de marbre plus ou moins gris , toutes les femmes font coëffées d'un chaperon plus ou moins rouge. Nous dînons à Tournaï.

Le peuple finguliérement induftrieux dans ce pays y cultive prefque toute efpece de denrée néceffaire à la vie. Ici l'on voit le bled , farrafin, pommes-de-terre, le millet , à côté du froment , de l'avoine , du maïs ; de forte que le ris excepté , l'on trouve dans cette contrée tous les grains , toutes les plantes alimentaires qu'on cultive en Europe. Il eft vrai que l'habitant de ces régions montagneufes jouit à peu près de toutes les expofitions & de tous les climats.

Quant à Tournaï , ce village , qui fut autrefois environné de murailles , eft du diocèfe de Tarbes. Nous y dînons ; voilà tout ce que j'en dirai.

A deux heures après - midi , nous voici fur la route de Tarbes. Depuis mon retour d'Amérique , je n'éprouvai jamais une fi horrible chaleur. On étouffe , on meurt dans la voiture : veut-on marcher & prendre le grand air , on refpire des flames. Nous pourrions inférer delà que dans ce pays , dans cette faifon , il ne faut voyager que la nuit.

— Monfieur , voilà Tarbes , c'eft une jolie ville, me dit le poftillon. Je regarde auffi-tôt. — Quelle riviere paffe fous ce pont ? — Monfieur c'eft l'Adour. — Sur ce pont on voit le nom des confuls de l'année 1743 ou 44 , qui , fans doute , le firent bâtir. Au deffus de l'infcription inftructive , s'éleve un globe monté fur une efpece de pivot , & qui quoique chargé de trois belles fleurs-de-lis , femble une tête à perruque. A propos de l'Adour , je remarquerai , parce que ici je m'en rappelle , que la Garonne porte des bateaux jufqu'à Martres ou Montefpan , au deffus de Touloufe ; qu'elle porte des radeaux jufqu'à Saint-Béat ; & qu'au deffus de Saint-Béat elle ne porte plus rien. Tout ce qui concerne l'hiftoire de cette riviere nous intéreffe.

On connoît affez Tarbes. Je n'ai pas vu

de ville qui eut l'air aussi propre, aussi riant.
C'est Saint - Gaudens, c'est Montréjeau,
embellis, agrandis, situés dans une belle
plaine, & sur une route très - fréquentée.
Même air d'aisance, même architecture,
même peuple ; seulement plus civilisé. A
demain la vraie route de Barége.

Etant descendu de voiture pendant l'après-
midi, j'ai recueilli la Mauve-Alcée. Elle fixe
de loin les regards par ses belles fleurs pur-
purines, ou couleur de rose, & donneroit
seule au botaniste qui la rencontre pour la
premiere fois, l'idée de l'affinité qui régne
entre le *Geranium* & les *Mauves*. Le premier coup - d'œil suffit ici pour indiquer le
rapprochement naturel de ces plantes, lors
même qu'on seroit sans observations à cet
égard, & qu'on ignoreroit le précieux travail de Monsieur l'abbé de Cavanilles, sur
la *Monographie* de ces deux genres. L'Alcée
Mauve, par la fleur & par le fruit, est
Geranium par les feuilles.

Le 3, on m'éveille à grand bruit dès la
pointe du jour ; nous voilà dans la campagne. Elle est toujours comme hier, comme

avant-hier ; belle & riante. Le marché de
Tarbes, qui fe tient aujourd'hui, pave la route
de payfans, de bourgeois, de curés. Tous ont
un air riche & fatisfait , bien agréable pour
le voyageur qui les lorgne à moitié endormi
du fond de fa caleche. Nous trouvons une
infinité de voitures *de la Montagne* chargées de bois, d'ardoife , de marbre, de
corbeilles d'ofier adroitement travaillées ; &
toujours des chaperons rouges , toujours des
chaperons rouges ; cela ne finit pas. Quelques-unes de ces femmes font fort jolies ;
toutes ont le coloris de la fanté. Qu'il y a
loin de ce teint à celui des artifans exténués
qui refpirent l'air infect des grandes villes !
en faifant des réflexions tant & plus fur ce
fujet , il fe préfente devant nous une efpece
de précipice dans lequel il faut defcendre ;
c'eft Lourde. A droite de ce précipice ,
fur un roc, eft le château. Ce château eft
affez célebre dans l'hiftoire des lettres de
cachet pour que je n'en parle pas. Je dirai
feulement que du premier coup-d'œil on le
reconnoîtroit à fa ftructure, tant il a l'air
de ce qu'il eft ; d'un lieu confacré pour le

ERRATA.

S PARDILLE , lifez par-tout où
vous trouverez ce mot, *S P A R T I L L E.*
C'eſt une eſpece de chauſſure de toile en
uſage dans les Pyrénées , & qui n'eſt autre
choſe que la chauſſure antique. Ce mot
paroît dériver du Grec σπάρτον , ou du
Latin *Spartum* , ſorte de gramen , que
Linné a nommé *Stipa tenaciſſima* & dont
on fait des étoffes , avec leſquelles on a
ſans doute fabriqué les premieres *Spartilles.*

defpotifmè grand ou petit, aux regrets, aux larmes & au défefpoir. Jufte ciel ! paffons vîte ; ceux qui m'ont regardé des lucarnes grillées de leur donjon, voudroient bien avoir le même privilege.

Trois heures ont fonné. Je pars de Loùrde ; je pénétre enfin dans les Pyrénées par les détroits finueux qui doivent me conduire demain à Barége. Quel pays ! on ne fait fi la nature eft ici plus fublime que riante, ou plus riante que fublime. Tout y eft pittorefque, animé, raviffant ; tout y infpire l'enthoufiafme au poête, au naturalifte. L'un & l'autre cependant y reftent en extàfe. La lyre & le crayon échappent de leurs mains ; ils ne peuvent fuffire à l'admiration lorfqu'il faudroit chanter ou décrire. Mais eft-il befoin d'être doué d'une imagination active, ou d'étudier avec ardeur l'hiftoire naturelle, pour éprouver en entrant dans ces merveilleufes régions, un tranfport qui vous enleve à vous-même ? Non, fans doute ; l'ame la plus froide, l'efprit le plus ftérile, le moins obfervateur, ne peuvent s'empêcher d'être émus, d'être frappés au premier afpect de ces montagnes.

Dès notre arrivée dans ces défilés, nous avons vu des torrens impétueux à nos pieds, & des rochers menaçans au deſſus de nos têtes. Après cette ſcene effrayante, nous deſcendons ; un pont de marbre ſe préſente ; nous ſommes dans la vallée d'Argellée. Des points de vue délicieux, des boccages charmans , des prairies, des ſites dont on ne peut rendre l'idée ; d'une tranquillité , d'une fraîcheur qui pénétroient dans les veines : des terres cultivées avec toute l'intelligence poſſible , voilà pour le champêtre & pour l'agréable. Devant, derriere, à côté de nous, des montages qui ſurmontent les nues ; des torrens qui ſe précipitent de leurs cîmes , la plupart de ces montagnes couvertes de neige ; une nature impoſante, majeſtueuſe, ſublime juſques dans ſes caprices , voilà pour le grand , le terrible. C'eſt ainſi que dans la vallée d'Argellée la nature eſt ſans ceſſe en oppoſition avec l'art ; qu'à côté d'une prairie dont l'irrigation eſt dirigée avec toute l'induſtrie imaginable ; d'un champ cultivé ſuivant les principes de l'agriculture la mieux entendue ; à côté d'une moiſſon abondante,

contraſtent

contraſtent toujours des caſcades , des torrens qui roulent avec fracas dans un lit
incertain , des forêts ſombres , des précipices effrayans , & des eſpaces où la main
de l'homme n'aſſervira jamais la nature.
Eſt-il donc ſurprenant que ſaiſi de terreur,
enchanté tour-à-tour , ſans ceſſe dans l'admiration de tout ce qui ſe préſente à ſes
yeux étonnés , le voyageur qui , pour la premiere fois , pénetre dans ces montagnes,
marche , ſans s'en appercevoir , des lieues
entieres , & qu'il arrive à ſon gîte ſans être
fatigué. C'eſt ainſi du moins que j'ai fait
aujourd'hui : plus occupé de ce que je voyois
que de moi-même , je volois d'enchantement en enchantement , & me ſuis trouvé,
ſans y penſer, à Pierre - Fitte , où je dois
paſſer la nuit.

Cette belle vallée d'Argelles eſt peuplée
d'arbres énormes. J'ai eu l'occaſion de me-
ſurer pluſieurs chênes, châteigners & noyers
qui avoient ſix pieds de tour ; les autres
arbres que j'ai obſervés ſont des peupliers,
des frênes , des cériſiers. Aucun orme ne
s'eſt offert à moi : tant mieux ; cela vient

B

à l'appui de mon mémoire fur la maladie qui détruit cette efpece d'arbre aux environs d'Agen (1).

On apperçoit des fapins au deffus du village de Pierre-Fitte. Ce font les premiers que j'ai vus de ma vie. Je ne faurois vous dire avec quel plaifir j'ai admiré, quoique de bien loin, ces anciens habitans des montagnes, ces rois des forêts de l'Europe, dont le domaine fe refferre chaque jour.

Revenons à Pierre-Fitte. A peine étois-je rentré dans le village, qu'une jeune fille, auffi blanche que le lait, dont elle fait fans doute fa principale nourriture, eft venue me préfenter des fleurs. Timide encore, elle approchoït les yeux baiffés, elle approchoit en tremblant. Raffure - toi, fille ingénue, ne doute plus de tes fuccès ; tu t'adreffes au plus fidele amant de Flore. Aujourd'hui ton hommage, quelqu'intéreffé qu'il foit, & n'euffai-je point été Botanifte, auroit toujours excité dans mon cœur une

______

(1) Ce Mémoire a été publié dans le Journal d'Hiftoire naturelle, 1789 ; n°. 5, pag. 257.

forte de reconnoiſſance : j'aime, & ſur-tout j'aime dans ces montagnes tout ce qui a l'air de l'hoſpitalité. Je vous le demande, ô mes amis, vous dont l'ame eſt ſuſceptible de s'égarer avec la mienne dans de douces illuſions, ne vous ſemble-t-il pas qu'en ces lieux, accueillir ainſi l'étranger, l'homme inconnu, c'eſt lui dire : » Nous » te voyons avec plaiſir parmi nous. Nous » t'offrons les fleurs de nos champs, puiſ- » ſent-elles devenir le gage de la joie que » tu nous cauſes ! ce que la nature nous » donne de plus brillant, de plus agréable, » nous le partageons avec toi, pour te fixer » dans cet aſyle. Les objets même qui com- » poſent ce léger tribut, doivent te prou- » ver d'avance que tu trouveras chez nous » l'innocence & le bonheur «. Tel fut du moins autrefois dans de pareilles circonſ- tances, le langage tacite de la bonhommie & de la primitive ſimplicité, lorſque la miſere & la cupidité, filles du luxe, n'a- voient point encore corrompu les vertus hoſpitalieres des tems antiques. Or, vous m'avouerez qu'une jeune & jolie fille, qui femble exprimer tous ces fentimens, & qui s'adreffe au *fpeĉlateur champétre*, dans un moment d'émotion, je dirois prefque de délire, méritoit bien la petite récompenfe qui fut le prix de fon bouquet.

Le 4, c'en eft fait ; je fuis à Barége. C'eft à travers de précipices effrayans, de prairies charmantes ; c'eft en cotoyant des ruiffeaux limpides, ou des torrens écumeux ; toujours dans le payfage le plus pittorefque, que j'ai gagné l'une des plus horribles demeures de l'univers.

Barége n'a, pour ainfi dire, qu'une feule rue ; il eft à 66 toifes au-deffus du niveau de la mer, dans un vallon, comme l'on voit très-élevé, dirigé de l'Eft à l'Oueft, & formé par la cîme encore plus élevée de plufieurs montagnes. Un gave roule fes eaux avec fracas le long de ce village, compofé peut-ête de cent maifons qui font refferrées entre le gave turbulent & la montagne oppofée couverte d'arbres jufqu'à une grande hauteur ; on connoîtra le local, d'après cette peinture : on connoîtra le climat, quand on faura que le

jour de la Saint-Jean, le terrein avoit dif-
paru fous quatre pouces de neige, & qu'au
premier octobre, fouvent plus-tôt, tous les
habitans de ce féjour defcendent à Luz,
pour ne revenir qu'au premier mai. Ce
qui peut faire regarder Barége comme
une colonie intermittante, alternativement
habitée par les hommes & par les ours.

Le 5, un brouillard froid & ftillant a
régné durant la nuit, & la journée ; tems
froid, humide, & d'une trifteffe affreufe,
qui me rappelle la fin de novembre en
Agénois, ainfi lorfque le foleil defféche
vos plaines, que les vêtemens les plus lé-
gers vous femblent infupportables, j'appelle à mon fecours *l'Alpaga*, *la Vigogne*,
& deviens à Barége un véritable *ério-
phore* ; puifqu'il eft tombé de ma plume,
faites-vous, Mefdames, expliquer ce mot
Grec (1).

Le 7, j'ai été herborifer ce matin fur
la montagne fituée au S. E. de Barége,

______

(1) εριοφορος *Laniger* ; porte laine.

& jufqu'au-de-là du hameau de Piers. J'ai rapporté la Bugrane gluante , l'Érine des Alpes , le beau Panicaut - Améthifte , & quelques autres plantes. Le chemin étoit bordé d'Ibéride-anfere , de Géranium-fanguin , de Thim , & de violettes-Tricolors. j'ai auffi trouvé de l'Amiante , & du *Spath-Romboïdal* en maffe.

Le 8 , herborifation dans le bois au midi , & au - deffus de Barége. Ce bois que l'on conferve précieufement parce qu'il retient les lavanges qui détruiroient bientôt & les bains & le village , eft rempli de plantes affez rares , j'en ai rapporté plufieurs que j'infcris fur mon catalogue. Ce bois protecteur eft d'abord formé de hêtres , puis de fapins. Il eft interrompu à quelques centaines de toifes au - deffus de Barége par un plateau très-étendu , couvert d'une belle peloufe , avec quelques arbres & quelques rochers ifolés. C'eft un délicieux féjour ; un féjour romantique , felon le vrai fens du mot Anglois tranfporté dans notre langue par les traducteurs du théâtre de Shakefpeare. Romantique , fi je m'en fouviens bien , eſt plus que pittoreſque. Comme cette derniere expreſſion, la premiere donne l'idée du contraſte qui réſulte des grands effets de la nature ; de ces oppoſitions variées propres à être ſaiſies par le génie des arts , & qui commandent toujours la ſurpriſe & l'admiration. Mais elle ajoute de plus l'intérêt que l'ame peut prendre à ces heureux effets de la nature , en s'amolliſſant à leur aſpect ; celui que l'imagination peut y attacher en peuplant la ſcene d'êtres moraux qui lui donnenr lieu de revenir ſur le paſſé , de s'élancer dans l'avenir , ou même de ſe fixer ſur le tems préſent par une douce & tendre rêverie. A ce titre ſi l'on refuſe encore l'épithéte de romantique au plateau dont je parle , le beau gazon qui le décore, la riche verdure des arbres qui l'ombragent , les quartiers de rochers roulés ça & là qui le varient , les labyrinthes naturels qu'il recéle , les eaux vives qui l'animent, enfin la paix, la ſolitude qu'on y retrouve, tout contribue du moins à le rendre ſans diſpute l'un des ſéjours les plus délicieux de l'univers.

B 4

Le 9, M. Pafumot ingénieur du roi , diftingué par fes grandes connoiffances en Minéralogie, & célébre par plufieurs mémoires imprimés dans le journal de phifique, m'ayant permis de l'accompagner , nous fommes montés avec quelques autres amateurs , fur la montagne au midi de Barége , par l'endroit nommé l'héritage à Colas, de ce charmant héritage , nous nous fommes élevés fur les bords d'un énorme ravin , dans les bois qui ceignent la montagne , & qui font partie de ceux que j'ai vifités hier ; j'y ai trouvé une grande quantité de belles Véroniques : l'Airelle-Mirtille en abondance, l'Arboufier-Bufferole , le Roffolis à feuilles rondes, fur lequel j'ai vérifié l'obfervation de M. Brouffonet relativement à un mouvement analogue à celui de la *Dionea-Mufcipula* (1).

Le 11 , à deux heures après midi , le tems étant clair & ferein , quoiqu'un peu chaud, (le thermomêtre étoit à 26 degrés

---

(1) Journal de phyfique , Mai 1787.

au-deſſus du zéro) nous partîmes M. Paſumot , M. Coſté , le nommé Saunier valet de chambre de Mme Amelot, & un homme chargé de quelques proviſions & de nos habits, pour eſcalader le pic de Leyrey. Après avoir traverſé la région des hêtres, celle des ſapins & des fougeres ; nous parvînmes à cinq heures du ſoir, au ſommet de ce pic qui domine , de ſa tête chauve, le bois conſervateur de Barége dont j'ai parlé dans mes deux dernieres herboriſations. Le thermomêtre étant conſtamment deſcendu depuis notre départ , n'indiquoit que douze degrés de dilatation ſur *le ſommet ſecondaire du Pic.* Ce ſommet eſt couvert d'une pelouſe très-fine. A peine y fumes-nous parvenus , qu'appercevant ſur notre droite la cîme primitive de ce pic plus élevée & totalement compoſée de rochers arides diſpoſés en aiguilles , le ſieur Saunier & moi formâmes le projet de l'aller viſiter. Ayant donc allégué le prétexte de vouloir reconnoître la neige ſur l'arête qui joignoit les deux cîmes , nous laiſsâmes MM. de Paſumot & Coſté avec

l'homme aux provifions fur le premier fommet, & prenant nos habits en écharpe,
nous nous dirigeâmes vers notre nouveau
but. Chemin faifant, nous passâmes fur la
neige ; enfuite nous élevant au deffus de
cette neige, nous commençâmes à gravir.
Le fieur Saunier fit un circuit du côté de
l'Oueft, j'aurois dû le fuivre; mais comme
je n'avois pas confidéré combien ce détour
facilitoit la montée, j'allai droit devant
moi du côté de l'Eft, non fans quelque
danger ; car je graviffois par fois dans une
fituation prefque perpendiculaire. Ayant cependant ainfi gagné une affez grande hauteur, n'appercevant plus MM. Pafumot &
Cofté, fur le premier fommet, que réduits
à la taille ordinaire des enfans de huit à
dix ans, & me trouvant exceffivement fatigué de ce que j'avois entrepris fans trop
de réflexion & de prudence, je m'affis, je
revêtis mon habit, & je jettai un coup-
d'œil fur le fommet au deffus de ma tête,
qui me parut encore éloigné de quelques
vingtaines de toifes. Ici j'admirai pendant
deux ou trois minutes les pics hériffés des

Pyrénées, la plupart couverts de neige, auſſi loin que ma vue pouvoit s'étendre. Spectacle impoſant & magnifique qui le devenoit encore davantage par l'oppoſition tranchante de la lumiére & des ténebres, effet naturel de l'abaiſſement du ſoleil ſur notre horiſon : cet aſtre briſant alors ſes rayons ſur les cîmes des montagnes qu'il rendoit éblouiſſantes, les vallées enſevelies dans l'ombre ne paroiſſoient plus aux yeux que des gouffres où régnoit une nuit profonde. Cependant ayant encore regardé au deſſus de moi, je vis Saunier, qui moins fatigué à cauſe du détour qu'il avoit fait, gagnoit le dernier ſommet que nous nous étions propoſés d'atteindre.—A merveille, M. Saunier ! mais je ne vous ſuivrai pas : il convient de garder le reſte de mes forces pour le retour, devenu difficile du haut point où je ſuis monté ; il eſt déja tard ; je ne puis eſpérer de trouver aucune plante ſur des rochers auſſi arides. Faire ces réflexions dans la poſition ou je me trouvois alors, c'étoit ſans doute ſe préparer à deſcendre. Je deſcendis en effet, preſque épuiſé de laſſitude, & rat-

trapai la neige d'où j'étois parti. L'inftant
d'après MM. Pafumot & Cofté abandonnant le premier fommet, vinrent me rejoindre. Nous attaquâmes nos provifions,
même notre vin, au frais dans la neige,
& le bûmes, faute d'eau mêlée, avec cette
même neige. Enfuite j'herborifai un inftant.
Je recueillis aux environs plufieurs anémones, différens faules, & d'autres plantes,
qu'on ne rencontre que dans les lieux les
plus élevés des montagnes où la végétation
eft établie. Bien fâché d'avoir feulement
paffé, pour ainfi dire, dans un endroit
auffi riche, je le recommande aux Botaniftes, qui, plus favorifés par les circonftances, y viendront après moi.

Mais le fieur Saunier eft de retour de fa
promenade. Nous voici tous raffemblés ; il
faut tenir confeil pour favoir par quel chemin nous reviendrons à Barége. M. Pafumot décide que nous prendrons le côté
de l'E. par la vallée qui conduit vers le pic
d'*Aftafon*. Il étoit alors fept heures un quart :
le foleil nous éclairoit encore ; mais la vallée où nous allions defcendre étoit dans l'obf-

curité. Nous marchâmes quelque tems dans une pente très-rapide à l'aide de nos bâtons ferrés. Cette maniere eſt fatigante. Pour nous repoſer, nous prîmes le parti de nous aſſeoir, & de nous laiſſer gliſſer à l'aventure dans la déclivité de la montagne. Il eſt impoſſible d'exprimer la ſenſation agréable qu'on éprouve en s'abandonnant de la ſorte dans les deſcentes les plus précipitées, pourvu qu'elles ſoient couvertes de gazons. Tantôt coulant ſur une peloufe douce & fine, nous croyions nager en ſuivant le cours toujours égal d'un fleuve majeſtueux ; tantôt emportés dans une herbe ſi élevée, que nous ne pouvions nous voir les uns les autres, nous appellant ſans ceſſe pour ne point nous féparer, évitant les arbriſſeaux, les blocs de granit, & tous les obſtacles imprévus, il nous ſembloit voguer parmi les écueils & les dangers ſur des mers orageuſes. C'eſt ainſi que nous franchîmes avec une vîteſſe inconcevable, avec une eſpece de délire même, & ſans péril, les pentes les plus eſcarpées. Je remarquai en paſſant *l'Anthericum Liliaſtrum* de Linné, dont M. de

la Marck a fait l'Ornithogale liliforme ; le
Lys Martagon, un grand nombre de Belles
compofées, defquelles je ne pouvois me
charger, & qu'avec bien du regret je laiffai
fur ce nouveau rivage.

Parvenus enfin dans la vallé, nous entendîmes M. Cofté qui étoit refté à l'arriere
de la colonne, & que nous dirigions vers
nous en l'appellant par intervalles ; il nous
répondit, & nous continuâmes d'aller en
avant, parce que l'obfcurité devenoit à chaque inftant plus grande. Pourfuivant, prefque au hafard, notre chemin, nous passâmes en defcendant toujours fur des rochers
ébranlés, pendant l'efpace d'une demi-
lieue, enfuite nous nous arrêtâmes à un
parc où des bergers raffembloient les troupeaux, qui, des montagnes voifines, venoient
fe réunir en ce lieu pour y paffer la nuit.
Il ne m'appartient pas, fans doute, de vous
donner une idée jufte de ce parc ; cependant
repréfentez-vous, s'il eft poffible, une enceinte compofée de rochers, entaffés fans
mortier, & délabrés en plufieurs endroits ;
voyez au milieu de cette enceinte une tan-

niere conftruite d'après la même architecture où l'on faifoit du feu fans cheminée ;
voyez la fumée s'échapper en tourbillon ,
preffée par la porte, très-baffe & très-étroite.
Dans cette tannière eft un recoin où les
bergers couchent fur des herbes féches , enveloppés de leurs capes. Auprès de ces ef-
péces de ruines, fe précipite , avec un fracas
épouvantable, le torrent qui defcend de l'ex-
trémité fupérieure de la vallée , & qui doit
fon origine aux neiges qui couronnent les
montagnes des environs. Figurez = vous ces
montagnes énormes très-rapprochées en cet
endroit : montagnes que la nuit rendoit encore plus affreufes, & qui ne nous laiffoient
appercevoir qu'une très-petite partie du fir-
mament au deffus de nos têtes ; figurez-
vous les vaches, les chévres , les brebis ,
qui de tous côtés arrivoient avec des clo-
chettes pendues à leur cou , dont le fon
trifte & lugubre infpiroit une fecrette horreur. Elles venoient toutes prendre place dans
ce réduit fous la garde des chiens protec-
teurs , couchés aux pieds des bergers ; figu-
rez-vous enfin ces bergers eux-mêmes : c'é-

toient de grands hommes robuftes ; grof-
fiers, noirs comme la nuit qui nous déro-
boit leurs traits, rudes comme le pays qu'ils
habitent. En réuniffant ces tableaux, en ima-
ginant que nous les avions tous à la fois fous
les yeux, vous ne ferez point furpris de ce
que nous crûmes un inftant être tranfportés
parmi les *Kalmioucs*, ou les *Usbecs*, fur
les confins de la Tartarie. Cependant ces
bergers, tous ruftres qu'ils étoient, nous of-
frirent du lait. Il venoit d'être tiré des vaches, nous étions excédés de fatigue, nous
profitâmes de l'occafion, & en bûmes avec
un plaifir inexprimable. Durant ce tems,
M. Cofté nous rejoignit. Mais quel défor-
dre affreux régnoit dans fon habillement.
Je ne fais comment vous le peindre : jufqu'à fa bourfe & fon argent, il avoit tout
laiffé après lui dans la montagne ; hors fon
amabilité, fa réfolution & fon courage ordinaire qui ne l'avoient point abandonné.
Après un moment de repos il fallut quitter
ces bons, mais ces effroyables bergers,
pour nous remettre en route. Elle fut extrêmement fatiguante, & nous ne rentrâ-

mes

mes à Barége qu'à neuf heures du foir.

Remarquez avec moi, mes chers amis, que le fommet du pic de Leyrey n'eft compofé que de roches fchifteufes , & que tous les blocs roulés qu'on rencontre depuis le fond des Gaves jufqu'à une certaine hauteur fur cette montagne, ne font abfolument que des granits (1). Il eft donc évident que les montagnes dont il s'agit avoient originairement des fommets de granit au deffus des Schiftes dont fe trouvent formés les fommets actuels, & que la décompofition de ceux-ci, leurs éboulemens, ont occafionné celui des granits primordiaux. Il eft encore évident que ces granits, avec tous les débris qu'ils ont entraînés dans leur chûte, ont jetté les fondemens des plateaux inférieurs, ou montagnes fecondaires, qui fe

____

(1) M. Darcet, dans fon excellent difcours fur l'état actuel des Pyrénées, dit & répete en deux endroits, page 15 & page 39, que la granit fe trouve à nud fur la cîme du pic de Leyrey. Comment fe peut-il donc que nous n'y ayons vu abfolument que des Schiftes ?

voyent par-tout fur le flanc des montagnes primitives, d'où il paroît qu'il s'eft paffé de terribles révolutions dans les Pyrénées, & qu'elles font actuellement dans un état de décrépitude qui les claffe parmi les montagnes de premiere formation ou de toute antiquité.

Le 12, j'ai recueilli le *Teucrium Pyrenaïcum*, ou la Germandrée des Pyrénées, cette jolie plante, fe diftingue dans la nombreufe famille des *Labiées*, par les lobes de la lévre inférieure de fa corolle : deux de ces lobes font violets ; celui du milieu eft de couleur blanche ou jaunâtre.

Le 14, à peine les premiers rayons du foleil avoient doré les fommets de nos montagnes, que nous fommes partis pour le lac d'*Efcoubou*. M. Dufaulx, muni d'un guide, & fi connu dans la république des lettres, qu'il fuffit de le nommer, conduifoit la colonne ; M. Pafumot venoit enfuite avec MM. Debiré, Cofté, Collet, l'humble botanifte fermoit la marche. Tel eft, à peu près, l'ordre dans lequel nous fommes montés au deffus de Barége, vers l'Eft, par un chemin, qui comme tous ceux du pays, ne permet point à deux voyageurs d'aller de front ; & qui nous conduiſoit ainſi, les uns à la ſuite des autres, juſqu'à la vallée ſituée au deſſous du lac que nous allions viſiter. Alors tournant au Sud pour entrer dans cette vallée, nous avons eu à droite & à gauche le ſpectacle des cîmes élevées des montagnes ſchiſteuſes, ſemblables à celles que nous avons vues le 11, & dont la baſe eſt couverte de granits roulés. Le chemin, qui montoit toujours, étoit auſſi preſque toujours embarraſſé de ces granits, ainſi que les lits des Gaves qu'il nous fallut traverſer à pluſieurs repriſes. Parvenus enfin à l'extrêmité de la vallée que nous avons eſtimée être à trois lieues de Barége, nos chevaux débridés ſont reſtées dans une prairie, & nous avons dirigé notre marche vers le ſommet qui devoit nous montrer le lac d'*Eſcoubou*. Ce ſommet, creuſé en entonnoir, eſt ſurmonté d'autres cîmes très-élevées. Le lac qui occupe ce vaſte entonnoir, reçoit les eaux de deux ou trois autres lacs ſupérieurs que nous n'avons pas reconnus , & verſe les ſiennes du côté du Nord pour former un des Gaves latéraux qui vont groſſir celui de Barége. Ses eaux ſont très-limpides , & ſes bords très-acceſſibles dans toute la partie du Nord. J'en ai fait le tour. Il a 1500 pas de circonférence , compenſation faite de toutes les petites ſinuoſités que je n'ai pu ſuivre avec les détours que j'ai été obligé de prendre à cauſe des anfractuoſités qui m'y forçoient. Tout le côté du Sud eſt hériſſé de granits entaſſés qui ne me permirent qu'avec beaucoup de peine , & même avec danger , de ſuivre cette partie du lac.

Après avoir un peu réparé nos forces par un repas frugal, MM. Coſté , Debiré & Collet , ſont montés avec moi ſur le ſommet du *l'Eſcoubou*. J'en ai rapporté des grenats ferrugineux , mais très - bruts. Pendant notre exécution MM. Paſumot & Dufaulx , gravirent une éminence qui forme la digue du lac vers le Nord , & y reſterent juſqu'à notre retour.

Il étoit quatre heures après-midi lorſque nous nous rejoignîmes ; il en étoit ſept quand nous fûmes rendus à Barége.

J'oubliois le plus intéreffant de la journée. Les prairies que nous avons traverfées
au retour de notre promenade étoient rem-
plies de troupeaux. Nous marchions : Que
vois - je fur le bord du chemin ? Un
agneau, qui vient de naître. Il eft encore
tout étonné de fon exiftences , tout ébloui
de la lumiere ; il commence à vivre & refpire en tremblant. Près de lui , la brebis fa
mere & le berger : l'un répand du fel à pleines
mains fur la toifon humide du pauvre petit
animal , comme fi la tendreffe maternelle
avoit befoin d'être excitée ; l'autre s'efforce
de prouver par fes careffes que cette pré-
caution de l'homme eft un outrage fait à la
nature. Quel tableau pour le génie de Sterne;
lui dont le génie pouvoit tout ofer !

Le 15 , il eft fix heures du foir , j'arrive
du Pic du Midi. Dieux quelle énorme montagne que ce Pic ! & qu'il fatigue ceux qui
vont lui rendre vifite ! quel chemin pour
y arriver ! quels éboulemens affreux ! quels
torrens ! quels précipices ! le fouvenir de
ces lieux horribles , mais fublimes, le fou-

venir feul porté encore l'effroi dans l'ame.

A trois heures du matin, M. Pafumot, les mêmes curieux que la veille, l'efcarpeur Saunier, qui s'étoit joint à notre troupe & moi, fommes partis à cheval. A fix heures nous étions fous le *Tourmalet*, ayant à notre droite le pic de *Covero*, celui de *la Campana della val*, effectivement fait comme une cloche, & le pic de *Lefpade* qui forme la vallée de Barége (1), tournant au Nord. Nous commençâmes à mon-

---

(1) Suivant les cartes de Géographie, le vallon fupérieur, ou fi l'on veut, la vallée dans laquelle Barége eft fitué, doit s'appeller la vallée de Baftan, du nom du gave qui la parcourt de l'E. à l'O, & la véritable vallé de Barége eft celle de Gavarnies. Mais l'ufage a prévalu contre ces dénominations anciennes & bifarres : on appelle aujourd'hui tout uniment vallée de Barége celle qui renferme le bourg de ce nom, & vallée de Gavarnies, celle qui conduit à ce dernier village. Malgré l'exactitude Topographique, j'ai cru devoir fuivre ici l'ufage, puifqu'il eft général & raifonnable.

ter les premiers degrés du pic du Midi , que nous avions devant nous , couronnant de fa cîme toutes les cîmes des environs. En montant nous trouvions de tems en tems des plaines très-étendues couvertes de prairies charmantes , où pâturoient paifiblement des troupeaux fans nombre , la plupart fous la garde d'un feul chien. Au bout d'une heure & demie environ , la pente devenant de plus en plus difficile , nous mîmes pied à terre. Enfin , avec bien de la fatigue , nous gagnâmes le lac qui gît au bas du pic ; ce lac fe nomme le lac de *Onché.* Horriblement efcarpé de toutes parts , nous ne pûmes d'aucune maniere en mefurer la circonférence ; mais il eft aifé de connoître qu'il eft moins confidérable que celui de l'*Efcoubou.*

Après avoir déjeûné fur le bord d'un autre petit lac antérieur , & dans le voifinage d'un pont de glace fous lequel s'échappe le gave, qui prend naiffance au lac de *Onché.* Nous commençâmes à gravir le fommet de la montagne , ayant tous pris l'équipage des efcarpeurs ; c'eft à dire, une fimple vefte, l'habit en bandouliere, les fpardilles, le bâton ferré. Nous montâmes d'abord par un fentier qui fuit vers l'Eft un quart de la circonférence du lac, juf-qu'à 60 ou 80 toifes d'élévation. Ce fen-tier très-étroit eft dangereux & difficile. Si le pied venoit à manquer fur les débris de fchifte & de granit, fur les rocailles mo-biles dont il eft pavé, nul doute qu'on ne fût perdu fans reffource. Après avoir fran-chi ce paffage, le fommet du pic fe pré-fentoit devant nous dans un ciel parfaite-ment ferein, & fembloit avoir acquis une hauteur nouvelle. D'efpace en efpace, de grandes écharpes de neige varioient fon afpect à nos yeux : rien de fi beau, de fi magnifique, de fi impofant que ce fpecta-cle. Nous étions encore ici tous raffemblés (1), mais en montant, nous nous féparâmes. Le fieur Saunier & moi laissâmes impru-demment fans doute le refte de la troupe,

---

(1) A l'endroit nommé *la Hourquete des cinq ours.*

fous la conduite de Bergés notre guide ,
qui donnoit le bras au digne & favant
M. Dufaulx. Bientôt nous nous élevâmes
prefque perpendiculairement. On nous cria
que nous ne prenions pas la bonne route ;
mais l'intrépide Saunier répondit qu'il la
trouveroit bien , & nous continuâmes
d'efcarper dans la direction que nous avions
prife. Lancé comme je l'étois , au point
d'avoir une defcente auffi confidérable que
périlleufe à faire , pour rejoindre la colonne,
le feul parti qui me reftoit, étoit de per-
fifter à gravir par le plus court chemin ,
qui devoit me conduire au fommet du
pic. Saunier qui , fans doute, avoit raifonné
de même, ou qui n'avoit point raifonné ,
alloit toujours en avant. Je montois quelquefois fur fes traces ; quelquefois par des
routes qui me fembloient d'abord plus aifées
que celles qu'il avoit prifes ; mais qui fe trou-
voient enfuite tout auffi efcarpées quand j'y
étois parvenu. Enfin les forces commencerent
à m'abandonner, je m'affis fur un quar-
tier de rocher fitué perpendiculairement
au-deffus du lac de *Onché* , & confidérai

ce lac comme un gouffre, comme un fé-
pulchre ouvert, prêt à me recevoir; fi,
dans les environs, je faifois quelque chûte
ou maladroite ou malheureufe. Il eft certain que ma perte étoit inévitable, fi j'a-
vois eu la moindre diftraction. Si j'euffe
feulement gliffé fur un efpace de quelques
pouces, j'aurois infailliblement roulé dans
le lac; de plus de quatre cens toifes de
hauteur. Trifte & dangereufe réflexion à
faire, dans la pofition où je me trouvois!
N'ayant cependant point perdu la tête, je
recommençai à monter; tantôt dans des
rocailles qui cédoient fous mes pas, tantôt dans une efpece de gazon dur, piquant,
très-liffe, que je ne m'amufai point à déterminer, & fur lequel, ainfi que fur les
rocailles il falloit me cramponer foigneu-
fement avec le bâton & les ongles. Bientôt, au milieu de ce travail, que mes
lecteurs doivent partager, fi je leur infpire
quelque intérêt, je me fentis une feconde
fois excédé de fatigue. C'en eft fait, me
dis-je alors à moi-même, je me décide à
ne pas gravir plus haut, quelque chofe

qu'il arrive ; & je reſtai immobile , la pâleur de l'épuiſement ſur les lévres , le tourment du déſeſpoir dans le cœur. Ma détreſſe étoit extrême. Au-deſſous de moi, j'appercevois le reſte de la caravane montant par une route facile, & que je comparois à celle que j'avois priſe. Bien éloignés d'être réduits à une extrèmité ſemblable à la mienne , je voyois ces Meſſieurs avancer lentement , mais ſûrement ; ayant toujours à leur tête le guide Bergés. Au-deſſus de moi Saunier atteignant preſqu'à la cîme du pic , m'appelloit à grands cris. Il ne ſe doutoit pas de ma ſituation , il m'encourageoit à le ſuivre , & j'étois forcé de lui répondre triſtement que cela m'étoit impoſſible. Telle étoit la poſition où je me trouvois ; ſuſpendu pour ainſi dire , entre le ciel & la terre , par le moyen de mon bâton ferré ; qui dans cette occaſion me ſauva la vie.

Enfin après environ un demi quart d'heure de repos, s'il en eſt dans une perplexité pareille , j'éprouvai un mieux ſenſible ; & mes forces ſemblerent ſe rétablir. La réſolution ne me manquoit pas. J'avois eu

le loifir d'accoutumer mes yeux aux fommets des environs qui déja s'abaiffoient
devant moi ; je m'étois familiarifé avec
les précipices, l'afpeét du lac, les horreurs
de toute efpece, en un mot : j'ofai me
réfoudre à périr ou à gagner cette fois le
fommet de la montagne. Dans le même
inftant, Saunier qui venoit de defcendre
quelques toifes , m'ayant encore invité à
faire ce dernier effort, je me remis fur
pied, avec plus d'affurance que vous n'en
attendez de mon état, & que je n'en at-
tendois moi-même de mon courage. Oh,
mes amis ! quelle fut ma furprife , lorfque
je m'apperçus que j'avois réellement paffé
le plus difficile, & que les rochers accumulés jufqu'à la cîme du pic, ne préfen-
toient plus que des fortes de gradins, où
l'on pouvoit prefque fe tenir dans fa fituation naturelle, & fe diriger avec facilité !
C'eft dans l'efpece d'enchantement , qui
réfultoit pour moi de cette découverte ,
que j'atteignis le terme de ma courfe.
Alors Saunier montant vers l'E. , je con-
tinuai de gravir par le S. ; & nous arri-

vâmes à la fois fur le dernier fommet. Là ,
par un mouvement naturel, enchantés de
nous voir au bout de nos pénibles & dangereux travaux ; nous nous donnâmes la
main , en figne de félicitation mutuelle.

Notre premier foin fur ce redoutable pic
fut de jetter les yeux du côté du Nord &
du Nord Oueft, où nous ne vîmes qu'efcarpemens & que délabremens affreux. Un
épaulement de neige s'élevoit à quelques
pieds de hauteur du côté de l'Eft. Des brouillards occupoient toutes les vallées , & nous
n'appercevions que les fommets des montagnes , qui, pour la plupart bien au deffous
de nous , paroiffoient néanmoins au deffus
des nuages comme les isles dans la mer.
Du côté du Sud les montagnes étoient prefqu'entiéremenr à découvert. Je les comparaï
aux vagues de l'Océan Atlantique pétrifiées
fubitement au milieu d'une furieufe tempête.
Ayant donné un certain tems à nos réflexions fur ce fommet, nous remarquâmes
autour de nous plufieurs noms gravés ; nous
y vîmes, entr'autres , celui de M. Darcet,
infcrit à bien jufte titre ; celui de Son Emi-

nence le Cardinal de Rohan ; celui de M. le chevalier de Puivert , avec la date de 1787. La plus ancienne fignature que je remarquai ètoit de l'annnée 1734. Nous gravâmes auffi la nôtre fur une des roches fchifteufes & micacées de ce fommet , comment s'y refufer ? Elles fembloient nous préfenter leurs furfaces unies, pour recevoir nos noms dans cette région élevée & peu fréquentée des mortels. A peine étendus fur cette cîme (qui peut former un plateau de 12 à 15 pas de long fur 8 à 10 de large) avionsnous fini d'écrire la date de notre expédition, que tout-à-coup nous entendîmes une voix de tonnerre qui nous difoit, *ce que vous faites là ne paroîtra plus au mois de Mars.* Ayant levé les yeux de deffous nos grands chapeaux , pour voir d'où venoit l'oracle , nous apperçumes près de nous , non fans émotion & fans étonnement, un homme de près de fix pieds de haut, quarré à proportion , une carabine brillante fur l'épaule, & qui fembloit être tombé fubitement de la région Ethérée. Cet homme ayant été dans l'inftant environné de quatre autres

dans le même équipage, nous leur demanⁱ
- dâmes après les complimens ordinaires, ce
qu'ils venoient faire fur ce pic. Le premier
& le plus apparent de la troupe, nous apprit qu'ils étoient des chaffeurs du village
de Beaudeau près de Bagneres ; qu'ils alloient à la pourfuite des Ifards, (*Chamois*)
(1) ; qu'ils avoient paffé la nuit dans la montagne, où ils avoient gravi du côté du Nord,
en efcarpant les précipices, & que n'ayant
point encore vu ce qu'ils cherchoient, ils
étoient difpofés à refter fur ces fommets
jufqu'à ce qu'ils puffent remporter le prix
de leur chaffe. De pareils perfonnages fur
le pic du Midi excitoient mon admiration.
Quels gens que ces Montagnards ! quels
obftacles pourroient les arrêter ! Au premier
coup-d'œil ils nous firent remarquer fur la
neige, la trace des Ifards à l'Eft de la mon-

____

(1) *Capra, rupicapra.* Lin. Sift. Nat. 95. *Habi-
tat in Alpibus Helveticis fummis inacceffis* , dit
Linné ; les Chamois font au moins auffi communs dans les Pyrénées que dans les Alpes de
la Suiffe.

tagne, & bientôt à l'Oueft les Ifards eux-mêmes au nombre de vingt-cinq ou trente, que nous comptâmes à l'aide d'une lunette dont ces chaffeurs étoient pourvus. Dans le moment, ayant apperçu une efpece de cabane conftruite avec des fchiftes un peu au deffous de nous, ils partirent brufquement ; dans quatre fauts, ils l'eurent atteinte, & nous inviterent à les fuivre pour nous mettre à l'abri d'un vent très-froid qui fouffloit avec violence. C'eft de cette cabane prefqu'entiérement remplie de neige, que nous vîmes venir de loin notre troupe par un long détour. Les Montagnards, après nous avoir offert quelques provifions deffechées qu'ils portoient avec eux, nous propoferent d'aller aider nos compagnons de fortune à gravir jufqu'à la cabane ; mais leur ayant répondu que cela n'étoit point néceffaire, nous continuâmes à difcourir. Le grand Montagnard qui avoit paru le premier, & qui fembloit par fon éducation, & par fes habits, être au deffus des autres chaffeurs, nous apprit qu'il étoit refté un an à Montpellier étudiant en chirurgie ; qu'il fe nom-

moit

moit Fournier. Sur cela M. Pasumot & M.
Costé arriverent , qui furent bientôt après
suivis de M. Dusaulx & de notre guide. |

Essayons à présent, mes chers amis, de
vous donner quelques détails sur la topographie , & l'histoire naturelle de cette haute
montagne. Elle est située à quatre lieues de
Barége, & l'on peut en compter cinq jusqu'à son sommet. C'est la plus considérable
de toutes les chaînes voisines : elle surpasse,
comme je l'ai dit , celle des environs, &
l'on ne voit que dans un grand éloignement
vers le Sud, des cîmes plus élevées ou des
pics qu'on pourroit lui comparer ; tels sont
le pic *d'Astason , les tours de Marboré.*
Telle est encore cette montagne sur les
frontieres de l'Espagne , où l'on apperçoit
une anfractuosité singuliere qui représente une
porte , & que les gens du pays disent avoir
été formée par un coup de pied du cheval
de Roland.

L'élévation du pic du Midi a été portée
à 1600 toises au dessus du niveau de la mer ;
d'autres calculs réduisent cette élévation à
1441 toises. D'après deux évaluations si

différentes , il paroît qu'on peut regarder
la hauteur du pic comme encore indéter-
minée ; il femble du moins qu'elle n'a pas
été fixée jufqu'ici avec le même degré de
certitude que celle de plufieurs autres montagnes. En attendant des mefures plus exactes , nous pouvons donc croire ne pas nous
éloigner beaucoup de la vérité , en donnant
1500 toifes au pic du Midi, comme étant
le terme moyen des deux évaluations rap-
portées. S'il eft conftant que le pic avoit
une couverture de neige de plufieurs pieds
d'épaiffeur du côté de l'Eft , il eft auffi très-
vraifemblable , vû la forme aigue de fon
dernier fommet, & les rochers liffes dont
il eft compofé , que cette même neige
amoncelée derriere quelque abri fur la cîme
avoit été emportée par les vents de tous les
endroits qui en étoient dénués. Cette con-
jecture acquiert une grande probabilité , fi
l'on réfléchit qu'à plus de 100 & 200 toifes
plus bas , le pic étoit encore traverfé par
des bandes immenfes de neige , & qu'enfin
la neige rempliffoit en partie la petite cabane
dont nous avons parlé , quoique au-deffous

du fommet , & que fon ouverture fut dirigée vers le Sud. Or l'on fait que 1500 toifes
eft la hauteur où commence la neige per-
manente en Europe , ce qui paroît décider
la queftion & trancher provifoirement la
difficulté. Quoi qu'il en foit de cette élévation , elle ne peut jamais varier que d'une
centaine de toifes environ. Eh que font 500
ou 600 pieds de plus ou de moins fur une
pareille maffe (1).

Ce pic, ainfi que toutes les montagnes
que nous avons vifitées jufqu'ici eft dans
un véritable état de deftruction. Le granit
roulé occupe fa bafe , & fon fommet fchif-
teux fe divife en couches , en feuillets di-
verfement inclinés. La partie du Nord , nous
l'avons déja dit , eft dans la plus grande dégradation. Des maffes effroyables de granit fe détachent du corps de la montagne,
& préfentent des précipices dont la profondeur effraye les yeux.

---

(1) M. Darcet a obfervé le baromêtre à 19
pouces 11 lignes fur le fommet du pic du Midi,
le 28 d'Août 1774.

Les avenues du pic font couvertes de ro-
fage ferrugineux , *Rhodon dendron* Ferrugineum ; de Laureole odorante , *Daphne
eneorum* ; plus haut l'on trouve la Belle-
Gentiane - Grandiflore , *Gentiana acaulis* ;
le Carnillet Moufſier , *Silene acaulis* , la
Renoncule des Pyrénées , *Ranunculus Pyrenœus* ; plus haut encore la Statice Capitée,
ou Gazon d'Olimpe , *Statice armeria* ,
& la Gentiane Nivale , *Gentiana Nivalis* ;
enfin l'on ne rencontre plus qu'un *Gramen*,
dont les feuilles font ſi dures qu'elles dé-
chirent les doigts. Le regne végétal expire
ainſi ſur cette haute montagne , & finit
par des ſimples *Lichens* ſur les rochers au-
deſſus deſquels toute végétation ſe trouve
éteinte.

Le 16 , jour de repos , qui doit ſéparer
la fatigue de la veille des travaux du lendemain. C'eſt la célebre caſcade de Gavarnies, & la vallée Pittoreſque où elle eſt ſituée
que nous allons reconnoître ; puis nous
reviendrons ſur nos traces pour aller faire
un tour à Cauterets : telle eſt notre itinéraire.

Le 17 , conformément au projet que nous

avions arrêté hier, nous partîmes de Barége pour Gavarnies à trois heures du matin, à quatre nous étions dans la petite ville de Lus. Bientôt après nous nous trouvâmes vis-à-vis de Saint-Sauveur, qui se présente de la maniere la plus agréable & la plus riante, au pied de la haute montagne qui le domine de son sommet chargé de neige. Ayant tourné au Midi, nous laissâmes ce village à droite, sur la rive opposée du Gave : Gave, le plus impétueux des Pyrénées, & qui prend sa source à la cascade que nous allions visiter.

A quelque distance du pont de Saint-Sauveur, nous rencontrâmes un Montagnard conduisant un petit ours. Arrêtons-nous ! le petit ours est bien lêché, bien aimable ; il ne mord point quand on le caresse. —Eh comment faites-vous donc, mon ami, pour lui former ainsi le caractere ? —Oh ! dame c'est que je lui parle avec douceur ; *Donnez la patte B . . . . . grrre.....* Nous trouvâmes cette douceur tout-à-fait nouvelle, & passâmes doucement no tre chemin.

La vallée que nous parcourons n'a souvent

d'autre largeur que celle du **Gave** qui l'accompagne , & qui roule fes eaux écumantes
à une très-grande profondeur. Elle eft couverte de bois, & prefque toujours formée
par des rochers perpendiculaires, qui femblent fe perdre dans les cieux. Il y a ici de
quoi admirer à chaque pas; tantôt, en effet,
ce font des rochers qui pendent en précipices fur nos têtes ; tantôt une cafcade
bruyante qui fe préfente fous nos pieds ;
tantôt des arbres qui s'élancent horifontale-
ment dans des efcarpemens épouventables ;
& que cependant des hommes téméraires
vont dépouiller de leur rameaux, nous arrivâmes ainfi au fàmeux paffage de l'*Echelle*,
pratiqué dans un roc entiérement vertical ,
dont le commencement eft indiqué par une
infcription qui marque le nom de ceux qui
tenterent l'entreprife : parvenu dans ce lieu,
on s'arrête naturellement pour admirer l'audace du travail, & la hauteur du précipice.
Des quartiers énormes de rocher ont été
appuyés fur les afpérités qui fe font rencon-
trées au-deffous du niveau où l'on vouloit
établir le chemin ; ils foùtiennent d'autres

rochers d'une moindre dimenfion ; ceux-ci
d'autres plus petits encore , qui fervent de
pavé à cette route hardie. Ainfi fufpendu ,
fi j'ofe le dire , par l'induftrie humaine à
500 pieds d'élévation , on remonte un torrent furieux dont le bruit femble menacer
ceux qui veulent pénétrer jufqu'à fa fource.
Ce bruit des eaux , la hauteur des montagnes , leur rapprochement , la profondeur de
l'abîme , les prodiges même de l'art , &
l'obfcurité de cette étroite vallée , tout cela
forme un tableau qui imprime la terreur
dans l'ame. Entiérement maîtrifé par ce
fentiment , il me vint tout-à-coup l'idée
d'une infcription convenable à ce paffage ,
à la fois fi dangereux & fi pittorefque. La
voici telle qu'elle s'offrit d'abord à mon imagination troublée : *Ici le voyageur frémira ,
mais qu'il fe raffure ; l'art a veillé pour
fa confervation.* M. Dufaulx , à qui je com-
muniquai fur le champ le projet de mon
infcription , l'approuva avec fon indulgence
ordinaire ; la traduifit en Latin , puis la
remit en François ; enfin il donna dans la
fuite à l'infcription cette forme , que je

lui laiſſe, comme meilleure que la mienne.

Contemple,
ici,
D'une ame ferme & d'un œil aſſuré,
Depuis le ſomet de ces monts ſourcilleux,
Juſqu'au fond de l'abîme,
Les prodiges de l'art,
Et ceux de la forte nature :
Adouci par l'induſtrie humaine,
Le fier génie de ces montagnes,
Défend
D'y trembler déformais.

Occupés de cette inſcription, nous fimes moins d'attention au périlleux défilé qui, dans pluſieurs endroits, n'a pas plus de quatre pieds de large, ſur une longueur de près d'un quart de lieue.

La route quoique pénible & difficile, s'élargit enſuite. Elle eſt même quelquefois riante, & toujours romantique juſqu'à Gêdres où nous avons dîné. Ici l'on voit une curioſité dans le genre de celles de ces contrées : c'eſt un gave qui ſort en caſcades répétées entre des rochers accumulés, leſquels forment une grotte ou caverne qui

femble conftruite par les Fées , derriere l'auberge où nous nous fommes arrêtés. Cette
cafcade eft magnifique autant par l'abondance & la limpidîté de fes eaux , que par
les acceſſoires qui l'accompagnent. Elle pourroit fervir de modele à un tableau qui pro-
duiroit le plus bel effet , & par conféquent
mériteroit d'être deſſinée : quelques-uns de
nous l'ont eſſayé fans fuccès.

Pendant le dîner un orage eft furvenu.
Cet orage ayant retardé notre départ , nous
avons été voir l'églife paroiſſiale. Bâtie fur
le plan des anciens temples du paganifme ,
cette églife n'eft éclairée que par la porte ,
& par une fenêtre en abat-jour , qui donne
fur l'autel. Une galerie élevée à 10 pieds
de hauteur , régne autour de la nef. Une
fimplicité religieufe orne tout l'édifice , dans
lequel nous n'avons trouvé à redire qu'un
peu de dorure à l'autel. Le bénitier , fitué
hors de l'églife , eft d'*ophite*

Au retour de ce pélérinage le tems a paru
s'éclaircir. Nous fommes partis ; mais bientôt
la pluie & le tonnerre ont recommencé de
plus belle. La caravanne s'eft féparée. MM.

Dufaulx, Cofté, de la Panoufe, plus cou-
rageux fans doute, ont perfévéré dans le
deffein de fe rendre à Gavarnies, malgré
le mauvais tems ; MM. de Pafumot, de
Biré & moi, plus prudens peut-être, fommes revenus fur nos pas. Rentrés à l'auberge de Gêdres, & caufant avec des Montagnards, qui comme nous s'y étoient mis
à l'abri de l'orage, l'un d'eux s'eft fervi de
l'expreffion *circum circa*, totalement latine,
& qu'il a employée dans fa véritable figni-
fication. Ainfi après tant de fiecles, fe con-
fervent ici de nos jours, & fans altération,
les veftiges de la langue des Romains. Non-
feulement ces veftiges fe trouvent gravés
fur le marbre pour attefter en ces lieux l'ancien féjour du peuple conquérant ; mais ils
exiftent encore, comme on le voit, dans la
bouche même de l'habitant de ces montagnes. Environ une heure après notre retour
à Gêdres, la pluie ayant diminué, nous
avons repris la route de la cafcade fur les
pas de notre premiere divifion. Le tonnerre
grondoit dans le lointain, toujours au gré
du même vent qui nous avoit apporté l'o-

rage ; devant nous le ciel étoit parfaitement ferein. Des trente-deux vents de la bouſſole , les Montagnards de la vallée de Gavarnies n'en connoiſſent que deux ; celui de France & celui d'Eſpagne , qui s'y pouſſent & s'y repouſſent continuellement, en conſéquence de la hauteur des montagnes qui reſſerrent cette vallée , & de ſa direction Nord & Sud.

En partant de Gêdres pour Gavarnies , on ne voit que prodiges , & que merveil-les : les accidens les plus extraordinaires de la nature , les contraſtes les plus étonnans, les ſites les plus incroyables , ſe préſentent, ſe renouvellent , ſe varient à chaque inſ-tant. Si l'on ne peut, pour ainſi dire, ſe perſuader la réalité de tant d'effets , de tant d'aſpects, de tant d'objets divers, comment ſe flatter de les décrire ? C'eſt ſur-tout lorſ-qu'on eſt parvenu à ce qu'on nomme à juſte titre *le cahos de Gavarnies* , qu'on reconnoît l'impoſſibilité de porter jamais dans l'ame de ſes lecteurs la plus légere idée de l'émotion qu'on éprouve à la vue d'un ſpectacle ſi impoſ-ſant. Bien loin de ſuffire ici à l'admiration, le

fentiment de fa propre exiftence vous abandonne. On fe trouve environné tout-à-coup
par des maffes de granit dont quelques
unes font auffi confidérables que les plus
grands édifices de nos villes. Toutes ces
maffes éboulées des montagnes voifines
font effroyablement entaffées, fe foutien-
nent comme par enchantement les unes au
deffus des autres, & repréfentent les débris d'un monde fracaffé. C'eft au milieu
de ces horribles ruines, que le voyageur
étonné doit chercher fa route ; c'eft en
circulant autour de ces rochers, par un
fentier obfcur & finueux; qu'il doit fortir
de ce labyrinthe où tout lui retrace la
deftruction de l'univers. Tandis que le gave
dont les flots font embarraffés par cet amas
de décombres, tonne, fe brife mille &
mille fois, & dans fes chûtes répétées,
ébranle le cahos lui-même, qu'il femble
vouloir entraîner dans fon cours.

A peine eft-on forti de cet effrayant
dédale, qu'on voit à fa droite la cafcade
d'offoua; & qu'on s'arrête pour l'admirer.
Cette cafcade eft non feulement remarqua-

ble par fa hauteur perpendiculaire, trés-confidérable ; mais encore par cinq autres cafcades qu'elle forme en fe divifant. Ces cafcades fecondaires fe perdent quelques toifes plus bas , fur des rochers couverts de mouffe , fe réuniffent bientôt; & fe précipitent enfuite dans le gave avec beaucoup de fracas. A une demie lieu de cette cafcade , en fe détournant vers l'E. , fe préfente le pont de Gavarnies. Ce pont, fous lequel écume un torrent furieux , feroit auffi très - digne de fixer l'attention d'un étranger dans ces régions reculées , s'il n'étoit déja pour ainfi dire frappé de ftupidité; s'il n'avoit la tête bouleverfée à un tel point par tout ce qu'il a vû depuis Gêdres, que rien ne femble déformais pouvoir le captiver , ni mériter fon attention dans la vallée. La cafcade de Gavarnies , principal objet de fon voyage, & qui lui refte encore à vifiter, a feule le privilége de l'enlever à cette efpece d'anéantiffement. Allons obferver cette cafcade. On l'apperçoit en partie derriere les montagnes dont elle eft environnée, & quoiqu'encore à une

lieue & demi ou deux lieues de diſtance ;
elle attire les regards par ſa hauteur &
par ſa majeſté ; nous marchons, mais c'eſt
à travers de nouveaux dangers : que nous
devons parvenir au pied de l'immenſe caſcade. N'importe, nous marchons. Un gave
large, profond, impétueux, diviſé en deux
branches, ſe préſente. Les chevaux du pays
tout accoutumés qu'ils ſont au bruit des
eaux mugiſſantes, reculent épouvantés ;
l'éperon enfoncé dans le flanc peut ſeul les
obliger à gagner la rive oppoſée. Parvenu
ſur cette rive, il faut monter ; il faut gravir une éminence qui ſe creuſe inſenſiblement, & d'où l'on découvre bientôt une
ſeconde éminence plus élevée qu'il faut encore gravir. Celle-ci comme la premiere
s'évaſe en *cratere*, & forme le baſſin de
la caſcade. Ce baſſin totalement rempli de
neige, occupe le fond de la vallée qui ſe
termine ainſi en amphithéâtre demi-circu-
laire. M. Paſumot accoutumé à juger des
diſtances, & prévenu contre les illuſions
d'optique ſi communes dans les montagnes,
ne lui donne pas moins de 800 toiſes de

diamêtre. A droite de cet amphithéâtre ,
ce font des rochers dont les fommets arides s'élancent au deffus des nues, & dont
les bafes font couvertes de verdure. A gauche des montagnes tout auffi élevées portent fur leur déclivité des forêts d'antiques
fapins. La vafte arêne fe préfente en face ,
elle eft couronnée par les hautes cîmes de
Marboré, fur lefquelles l'imagination exal-
tée voit des châteaux, des térraffes, des
donjons, des tours couvertes de neige. Un
pont de glace auffi chargé de neige , s'offre dès l'entrée : dans le fond , fur les côtés ,
d'innombrables cafcades tombent de toutes
parts , & les fommets des environs toujours
blanchis par de nouveaux frimats, femblent
fe fondre fans mefure dans ce grand récep-
tacle , éternel féjour de l'hyver. M. Dufaulx
comptoit jufqu'à foixante de ces cafcades,
dont le nombre paroît varier d'un inftant à
l'autre ; en raffemblant les différens rameaux
de chaque gerbe , en les confidérant comme les parties d'un feul tout , il femble
cependant qu'on peut réduire ces cafcades
à 14 ou 15 principales. Mais que font ces

chûtes d'eau auprès de la premiere dont nous avons parlé ? Elle feule attache les yeux du voyageur ; elle feule enchaîne toute fon attention. Je ne dirai qu'un mot fur cette merveille de la nature. C'eft un fleuve qui fe précipitant avec une énorme faillie de 6 à 700 pieds de haut, fe divife à tel point, qu'il paroît flotter en vapeurs, & dans fa chûte, s'exhaler en fumée. Cet immenfe volume d'eau que nos yeux voyoient s'élancer en flots accumulés du fommet de la montagne, & que notre oreille étonnée n'entendoit point tomber, fe perd cependant fans ceffe fur la neige qui remplit l'amphithéâtre. Une partie s'y condenfe, & l'autre forme le torrent qui s'échappe dans le baffin antérieur fous le pont de glace que nous avons déja remarqué. Ce pont de glace qui fe prolonge en voûtes continuées jufqu'au pied de la cafcade (1) feroit fans doute un

---

(1) Serons-nous toujours enchaînés par l'ufage ? Appellerons-nous encore cafcade cette immenfe chûte d'eau ? Non , fans doute : quoiqu'elle tombe

monument

monument naturel très - curieux à détailler
avec exactitude ; mais il fe préfente à la fois
dans ce lieu une fi grande quantité d'objets qui commandent l'attention du naturalifte , qu'il ne fauroit y fuffire : il faut donc
qu'il admire fans approfondir , & qu'il effaie
enfuite de peindre fans décrire. Tel fut ici
notre chagrin. Nous ne pouvions que regarder les divers , les trop nombreux phé-
nomenes dont nous étions environnés , &
c'eft l'unique regrêt que nous ayons formé
dans cette journée de prodiges. Enchantés
comme nous l'étions , la nuit feule & fes
ténebres pouvoit nous arracher de ces lieux ,
par la crainte du danger que le moindre
retardement alloit occafionner dans notre
retraite. Déja le foleil paffé à l'Occident
des hautes maffes au centre defquelles
nous nous trouvions enfevelis , avertiffoit

---

en partie à peu près vers les deux tiers de fa
hauteur , fur une faillie qui fait le rocher , elle
ne doit point être regardée comme une cafcade ;
mais comme une véritable cataracte , & c'eft ainfi
que nous l'appellerons déformais.

E

notre caravanne de penfer à fon retour, &
de fe rendre à Gavarnies. Nous nous réu-
nîmes : MM. Cofté, Dufaulx, & de La-
panoufe, que nous avions rencontrés à la
cafcade, nous rejoignirent. Nous reprîmes
nos chevaux, nous repassâmes le gave, &
revînmes plus perfuadés, plus pénétrés que
jamais de cette vérité, que l'homme & les
produits de ces arts dont il fe glorifie, font
bien petits auprès des grands effets de la
nature.

C'eft de l'auberge de Gavarnies, fur les
dernieres limites de la France & de l'Efpagne, & fi je confulte mes yeux au milieu des ruines du globe terreftre, que je me
rappelle dans votre fouvenir. Le cri des ai-
gles, les montagnes couvertes de neige,
les glaces azurées, les précipices, les torrens écumeux, les cafcades bruyantes, les
cataractes majeftueufes, les forêts de fapins,
me tournent la tête. Je me crois au bout
du monde, & n'ai jamais mieux fenti le
prix de votre amitié. Qu'il eft doux, quand
on ne voit autour de foi, rien que de fauvage, que d'étranger, que d'inconnu ; qu'il

eft doux de repofer fon cœur dans celui de fes amis ! puiffiez-vous rendre juftice au fentiment qui me dicte ces lignes.

Le 18, à peine fut-il jour qu'oubliant & le fouper déteftable de la veille, & les mauvais lits où nous avions couché, nous fûmes rendre à quelque diftance de notre cabaret, un dernier hommage à la cataracte. Elle nous parut encore plus confidérable que le jour précédent, fans doute à caufe de l'orage que nous avions effuyé, & qui avoit déterminé la fonte d'une plus grande quantité de neige. Que doit être, difions-nous, en lui faifant nos adieux, que doit être de près cette colonne d'eau, puifqu'éloignée d'une lieue & demie ou deux lieues, elle nous femble fi prodigieufe ? Mes chers amis, ni vous, ni moi, ne le faurons jamais ; on ne peut l'approcher affez dans aucune faifon pour prendre une jufte idée de fon volume, qui d'ailleurs eft fujet à des variations prefque continuelles. Des curieux, partis l'année derniere du point où nous nous avançâmes hier dans l'amphithéâtre, marcherent encore pendant une heure entiere ; mais quand ils fe trouverent à une certaine diſtance de la cataracte, ils la perdirent de vue à caufe de l'épais brouillard qu'elle produit dans fa chûte. L'infpection des lieux & des objets vient fuffifamment à l'appui de leur récit (1). M. Pafumot nous fit remarquer ici les trois baffins dont nous avons déja parlé , & nous prouva clairement leur ancienne exiſtence par l'inclinaifon des couches de granit oppofées à celles des montagnes du fond de la vallée. Ces couches forment réellement trois enceintes évafées, & très-diſtinctes qui dûrent renfermer autrefois des eaux tranquilles avant que la cataracte eut occafionné leur rupture, en donnant naiffance au gave qui les traverfe. Aujourd'hui M. Dufaulx accompagna cette obfervation de tout ce qu'elle devoit infpirer à un philofophe auffi judicieux , auffi

____

(1) Cette périlleufe entreprife a été tentée plufieurs fois , & vient de l'être encore quelques jours après notre voyage , mais toujours avec auffi peu de fuccès, par M. de Cyran, confeiller au parlement de Touloufe.

éclairé que lui, Chacun de nous joignit ſes réflexions aux ſiennes. Quant à moi, je profitai de ce moment d'indulgence, pour obſerver à mon tour, qu'en partant de Luz, nous avions trouvé le paſſage de l'échelle, un chef-d'œuvre viſible des efforts de l'art : que bientôt après nous avions rencontré des vipéres & des aſpics, vénimeux reptiles, & les premiers que nous ayons vus dans les Pyrénées ; que les gaves, les chûtes d'eau n'étoient nulle part auſſi conſidérables que dans cette vallée ; je remarquai que le cahos paroiſſoit un labyrinthe fait pour égarer ou retenir le voyageur téméraire qui triomphant de tous les obſtacles, auroit pénétré juſqu'à cette région ; que l'Aconit Napel & d'autres plantes, poiſons des plus terribles, rempliſſoient les environs de Gavarnies, & principalement les prairies qui conduiſent à l'amphithéâtre. J'obſervai encore que l'amphithéâtre eſt le berceau d'où partent ces orages deſtructeurs, fléaux continuels de la vallée ; ces orages qui, notamment l'année derniere, la ravagerent long-tems avec une régularité remarquable dans leur retour

périodique & journalier ; ces orages qui la
couvrirent des débris récens que le guide
Bergés nous a montrés fur la route, comme occafionnés par des lavanches ; enfin,
je crus pouvoir réfumer de tous ces faits
divers , que la nature avoit accumulé fur
les avenues de Gavarnies les horreurs & les
dangers de toute efpece ; & qu'elle fembloit
avoir voulu défendre aux hommes l'accès
de ce lieu fauvage, où comme en un fanc-
tuaire augufte, elle déployoit loin des mortels toute fa majefté. Telles furent mes
réflexions, après lefquelles il ne nous reftoit
fans doute rien de mieux à faire que de
monter à cheval, & de repartir bien vîte.
C'eft auffi ce que nous fimes à travers les
brouillards qui nous empêcherent d'aller plus
avant fur les terres d'Efpagne , ainfi que
quelques-uns de nous l'auroient defiré.

Bientôt le cahos , ce redoutable cahos ,
la plus belle , la plus magnifique horreur que
j'aie vue de ma vie, reparut à nos yeux ; &
la cafcade d'*Offoua* que M. Dufaulx trouve
prefqu'auffi belle que la cataracte de Gavarnies ; & les traces des deux Lavanches, qui

l'année derniere dévaſterent une grande étendue de terrain ; & la belle chûte d'eau du village de Gêdres , que nous fumes viſiter encore ; & l'antique égliſe , que nous laissâmes de côté ; & le pont de cir ou de l'artique dont nous n'avons point parlé hier , qui ne doit point cependant être paſſé ſous ſilence ; & le mémorable défilé connu ſous le nom de l'*Echelle* ; enfin la ville de Luz, où M. de Lapanouſe reprit la route de Barége , tandis que nous cheminâmes vers Cauteretz.

Environ trois heures après, Pierre-Fitte ſe préſente. Ici plus de ces auberges, qui comme celles de Gêdres & de Gavarnies, reſſemblent ſi fort aux *Poſadas* de l'Eſpagne, aux *Eſtallages* du Portugal. A peine arrivés, un bon dîné nous eſt offert : à peine eſt-il ſervi, qu'il eſt dévoré. Nous voilà refaits de toutes nos fatigues.

» Allons , Meſſieurs , les chevaux ſont prêts «! c'eſt l'honnête bergés qui vient nous arracher à une converſation ſur les affaires du tems, & qui nous preſſe de nous mettre en route. Celle de Pierre-Fitte à Coteretz eſt ſuperbe. Conſtruite à grands fraix ſous un rocher menaçant , & ſur le bord d'un gave qui nous étourdit, il n'en eſt point dans les Pyrénées de plus hardie & de plus praticable pour les voitures. Cauteretz paroît. Ce village , beaucoup mieux bâti que Barége , il n'eſt point abandonné pendant la ſaiſon des frimats. Ses abords ſont plus agréables ; ſes montagnes ſont moins élevées , plus couvertes d'arbres , d'habitations, & d'autant plus reſſemblantes aux *Mornes* de nos isles de l'Amérique, qu'aucun atôme de neige ne blanchit leur ſommet.

L'éloignement , l'incommodité , la malpropreté des bains de Cauteretz m'ont ſurpris. Ceux de Céſar , qu'aſſurément Céſar le dictateur ne fit jamais bâtir , ſont ſitués à une grande hauteur au-deſſus du village ; ceux de *la Ralliere* ſont à près d'un quart de lieu de diſtance en remontant la vallée. Plus haut encore vers l'extrêmité de cette vallée , nous avons vu deux caſcades : l'une en face ; l'autre à droite , entre deux montagnes , & qu'on nomme la caſcade de *Mahoura.* Nous viſitâmes cette derniere ;

il y a bien de l'eau, bien des rochers, bien de l'écume, bien du fracas ; mais toute cette eau, tous ces rochers, toute cette écume, tout ce fracas, font bien peu de chofe pour des gens qui viennent de voir la vallée de Gavarnies & fa magnifique cataracte. A quelques toifes de la cafcade de *Mahoura*, on nous fit entrer dans la crévaffe verticale d'un rocher, pour boire de l'eau qu'on nous dit très-chaude. Cette eau très-chaude, en effet, ne fent plus le foye de fouffre dès l'inftant même où l'on vient de la puifer ; tant le gaz hépathique fulfureux qu'elle contient eft volatil. Au furplus, rien de curieux dans cette efpece de grotte, où l'on éprouve une châleur affreufe & fuffocante : en y defcendant, je crus entrer dans le *Digefteur de Papin*.

Je n'ai rencontré aux environs de Cauteretz aucune plante rare : fans parler de Barége, Gêdres & Gavarnies font bien plus riches à cet égard ; leurs alantours préfentent d'amples moiffons de végétaux dignes d'exciter l'intérêt des Botaniftes. L'Aconit Napal, l'Angélique Silveftre, la Digitale

jaune , la Globulaire Cordiforme , le Lys
Martagon , le Lys des Pyrénées ; beaucoup de
Saxifrages , beaucoup de Campanules diver-
ses, s'offrent sans cesse aux yeux des voyageurs.
Mais ici quelle différence ! Quelle différence,
sur-tout de cette vallée vraiment magique de
Gavarnies , où je viens de remarquer tant
de rapprochemens bifares & extraordinaires.
Dans le regne végétal, où le buis des montagnes arides se voit à côté de la Grassete ,
de la Menthe aquatique ; où la Germandrée
des rochers touche à la Salicaire des ruis-
séaux ; où l'Asclépiade & la Véronique Offi-
cinale des lieux pierreux & incultes , se
confondent avec la Parnassie, les Pédicu-
laires , & les Renoncules des marais ! mais
il n'est aucun paysage dans la nature qu'on
puisse assimiler à Gavarnies ; c'est une vallée
unique , incomparable.

Le 19 , à peine fait-il jour , qu'il faut
donner un dernier coup-d'œil aux montagnes de Cauteretz ; & partir ensuite. C'est
à l'O. le pic d'*Isé*, qui passe pour le plus
élevé des environs ; au N. , le pic de *mo-
nin*, au S. le pic du midi. Ils ont donc

auſſi à Cauteretz, me direz-vous, leur pic du midi ? Oui, mais ce pic eſt un grand diminutif de celui que nous avons déja décrit, & qu'on connoit ſous le nom de pic *du midi de Bigorre*. On apperçoit une très-haute montagne dans l'éloignement, par deſſus la caſcade qui termine la vallée, cette montagne ſituée ſur les terres d'Eſpagne eſt entierement couverte de neige. Les gens du pays l'appellent le pic de *culao*; voilà tout ce que j'ai recueilli de ſon hiſtoire. C'eſt peut-être aux environs de cette montagne de *culao* que fut pris il y a quelques années le lynx, ou loup cervier, *fetis lynx*, dont on a parlé dans le tems, & qui fut envoyé à la ménagerie de Verſailles. Cet animal qui n'habite que les forêts les plus ſeptentrionales & les plus déſertes étoit encore inconnu dans les Pyrénées; mais le naturaliſte ne doit point être ſurpris de l'y rencontrer.

Il eſt cinq heures ſonnées, nous laiſſons ici M. Coſté & partons en admirant toujours les avenues de Cauteretz du côté de Pierre Fitte. Le pays étant moins élevé que celui de Barége, la nature y paroît auffi plus civilifée ; mais je le répéte encore, les botaniftes n'y trouvent point leur compte.

Aujourd'hui Cauteretz me femble peu agréable ; je n'y cherche que des plantes. Tout dépend des circonftances ; il y a deux ans, vous le favez, vous à qui j'adreffe ce journal informe ; vous le favez à quel point j'euffe été dédommagé ? Il n'eût pas été queftion de plantes : Cauteretz m'eût offert de vrais amis. Si donc en ce moment je préfére Barége à Cauteretz , j'aurois alors mieux aimé Cauteretz que Barége. Cette réflexion qui m'a prefque toujours occupé depuis hier, m'accompagne à Pierre-Fitte. Ici l'on déjeûne, l'on caufe un inftant ; puis l'on remonte à cheval, & l'on arrive à Barége dans l'après-midi.

Le 24, le foleil a brillé un inftant ce matin. Les montagnards accoutumés à un ciel trifte & fombre, fembloient ne point s'appercevoir de cette belle journée, lorfque les montagnes mêmes avoient l'air de s'en réjouir : avec elles tous les étrangers de Barége paroiffoient renaître ; mais cette joie n'a pas été de longue durée. Dès neuf heures du matin, les brouillards ont reparu fur les hautes montagnes de Saint-Sauveur ; à midi ils couvroient nos premiers fommets, à trois heures ils occupoient déja les cîmes des montagnes fecondaires ; à cinq heures du foir, tout étoit dans l'ombre, & dans la froide humidité. Malgré l'état de l'athmofphere, impatient d'excercer mes jambes enchaînées par le mauvais tems depuis cinq jours, je fuis monté cette après midi au S. de Barége, en graviffant fur les bords efcarpés du premier gave à droite : & en allant vers l'E. J'ai été arracher dans le nuage la *faxifrage rude*, la *véronique à épi*, & quelques autres plantes. La couche d'air, où fiégeoit le brouillard étoit tranchée fi net, que m'étant élevé, fans m'en appercevoir, jufqu'à ce que j'ai eu la tête engagée dans la vapeur, je m'y fuis trouvé feulement jufqu'au cou, tandis que la premiere boutonniere de mon habit étoit encore dans l'air pur de la couche inférieure.

Le 29, M. Dufaulx m'a fait la lecture de fon voyage de Gavarnies. Quelle différence de ce morceau plein de philofophie, de defcriptions & de tableaux de génie, avec l'élégante efquiffe faite en jolis vers, en profe agréable qui porte le même titre; & qui fe trouve par-tout. Cette derniere relation ne peint rien, n'apprend rien. C'eft un croquis charmant, mais de pure imagination, qui pourroit, à peu de chofe près, fervir pour toutes les cafcades ou cataractes des Pyrénées. Quelle différence, dis-je: M. Dufaulx obferve quelquefois en naturalifte, peint fouvent en poëte, moralife toujours en philofophe, & fait un ouvrage précieux fous tous les rapports; tandis que l'auteur de la relation citée, ne fe montre jamais ni naturalifte, ni philofophe, & fait auffi fous tous les rapports un ouvrage inutile.

Le 30, je reviens fur ce petit voyage de Gavarnies. En qualité de botanifte, je ne puis paffer à l'auteur les lianes qu'il a vues, dit-il, fur la grotte de Gédres. Des lianes en Europe ! quelle licence poétique ! chacun fait qu'on ne donne ce nom qu'aux plantes grimpantes; qu'aux tiges volubiles

des végétaux de l'Amérique. A la maniere dont cet auteur obſerve des Lianes
à Gêdres, on feroit tenté de croire que ces
plantes étrangeres ſont venues s'y naturaliſer.
Je ne lui pardonne donc pas les Lianes ; &
quant aux Truites qu'on pourroit , aſſure-
t-il, compter à la même caſcade , je remarquerai que c'eſt un bien petit détail ,
dans le tableau de la grotte magnifique ,
qui vomît un fleuve à l'œil ſurpris , je dirois
preſque épouvanté de l'obſervateur. Comptez qu'il n'y a non plus de Truites à Gêdres
pour le voyageur curieux & ſenſible, que
de Lianes pour l'écrivain exact & précis.
C'eſt ici qu'on voit combien le talent d'un
verſificateur qui n'eſt qu'agréable , devient
inſuffiſant pour rendre les grands objets de
la nature. Il faut pour ce travail hardi des
crayons plus mâles , des pinceaux plus éner-
giques, que pour rimer une épître , ou ver-
-ſifier des intrigues d'amour.

Le voyage de Bagnéres eſt arrangé pour
demain, par le *Tourmalet*, avec Madame
Amelot , MM. Paſumot, de Biré, & de
Bellegarde.

Le 31, nous sommes partis à six heures du matin. A dix, nous étions au sommet du *Tourmalet*, enveloppés de vapeurs qui d'en bas paroissoient sans doute sous la forme de beaux nuages ; mais qui n'étoient pour nous que d'humides & froids brouillards. Les pics de *Covero*, de *la Campana della Val*, & celui de l'*Espade*, situés à notre droite, étoient également couverts de ces vapeurs épaisses. Mais à peine eûmes-nous passé le col du *Tourmalet*, que tout se dissipa subitement, & que le soleil dévoila sa lumiere. Rien de plus commun dans les montagnes que les apparitions & les disparitions momentanées des nuages. On les voit quelquefois se former, s'exhaler, ou fondre en eau dans le même instant. Comment cette espece de phénomene pourroit-il s'opérer, si ce n'étoit par l'absorption instantanée d'une couche d'air qui se saturant de l'humidité de ces vapeurs, les anéantit, les rend invisibles, jusqu'à ce que surchargée à son tour, elle donne une nouvelle existence aux nuages, & se débarasse de leur poids par une pluie plus ou

moins

moins abondante. Tout paroît certainement concourir à faire soupçonner différentes couches d'air dans l'athmosphere, dont les unes féches, pour ainsi dire, à l'égard des autres, cherchent à se saturer de l'excès d'humidité que celles-ci peuvent contenir. Le jeu singulier des brouillards dans les régions montagneuses ; la vue des Pyrénées qu'on découvre de fort loin quand le tems se dispose à la pluie, tout contribue à rendre cette idée plausible, ou si l'on veut, moins hypothétique qu'elle peut le paroître au premier coup-d'œil. Au reste, M. Pasumot, son auteur, m'ayant dit l'avoir consignée dans les mémoires de l'académie de Dijon, on la trouvera sans doute dans ces mémoires assez développée, & revêtue d'un assez grand nombre de preuves, pour ne pouvoir se dispenser de l'adopter. Mais reprenons notre voyage. Je disois donc qu'à peine nous eûmes passé le détroit du Tourmalet, que le soleil dévoila sa lumiere : voyons ce que nous découvrîmes alors. Des troupeaux innombrables qui paissoient tranquillement sur les montagnes situées à notre gauche ; d'autres montagnes plus élevées à notre droite, avoient l'air de tomber en ruines. Des corbeaux, des oiseaux de proie, qui peuvent seuls chercher une retraite dans ces lieux sauvages & désolés, y planoient en silence, & loin d'animer cette triste vallée, ne sembloient que la rendre plus horrible aux yeux du voyageur. Au pied de ces montagnes est une des principales sources de l'Adour. C'est un charmant fleuve que l'Adour ! Il est joli dès le berceau : lui seul mérite ici de reposer la vue fatiguée par le spectacle monotone d'une nature agreste & décrépite. A peine a-t-il reçu l'existence, qu'on le voit serpenter mollement dans la prairie qui forme le fond de la vallée, sans courir à flots précipités comme tous les torrens, comme tous les Gaves, ses freres. Il est vrai que cet enfant si discret, prend bientôt le caractere de la famille ; mais du moins il n'étoit pas né bruyant, c'est une justice qu'il faut lui rendre. Cependant nous avançons ; rien de cultivé ne se présente à la vue. A une lieue seulement du Tourmalet, la descente escarpée de l'*Escallette*

nous offre les premieres traces de popula-
tion que nous ayons encore apperçu dans la
vallée. On y découvre fur le bord d'un Gave
latéral qui vient fe joindre à l'Adour , &
à une profondeur effrayante, des efpeces de
petites maifons baffes , fans cheminées ,
couvertes d'un toit de gazon. Chacune de
ces maifons , ou pour mieux dire , de ces
granges, tient à une enceinte quarrée, dans
l'intérieur & autour de laquelle on a pratiqué des hangards pareillement couverts de
gazon, & foutenus par des pilliers de bois.
Que je me plais à contempler ces édifices
ruftiques ! je me dis avec une forte d'intérêt
que je ne faurois rendre : les premiers hommes fans doute habiterent les montagnes ;
ils furent pafteurs, & dûrent conftruire dans
l'origine leurs demeures à peu près fur le
modele de cette architecture fimple comme
eux. Non loin de ces habitations que je
quitte à regrêt (1) , nous trouvâmes les

---

(1) Leurs propriétaires les abandonnent pendant l'hyver , & nous n'y vîmes perfonne , quoiqu'au cœur de l'été.

bruyantes cafcades de *Tramefaïgues* , que
l'Adour, déja groffi par la jonction de plufieurs torrens , forme en fe précipitant des
montagnes. Ces cafcades font au nombre
de trois principales. Nous les admirâmes
un inftant ; mais les circonftances ne pouvant nous permettre de nous arrêter , nous
paffâmes fans qu'il nous fût poffible de les
examiner d'affez près pour les décrire. L'une
d'elles fur-tout, la moins éloignée de la route , & qui verfe fes eaux à travers d'antiques fapins , me parut digne d'une attention particuliere. Que d'objets de cette
forte ne fommes-nous pas obligés de paffer
fous filence en voyageant dans les Pyrénées !
ici l'étonnement fuccéde fans ceffe à l'étonnement ; l'œil de l'obfervateur s'égare de
merveille en merveille ; les perfpectives ,
les afpects varient à chaque inftant ; c'eft
une magie , un enchantement perpétuel ; ce
font des effets qui femblent ne pouvoir exifter
que dans l'imagination du peintre ou du
poête. Comment s'arrêter pour décrire avec
un peu de détail, c'eft une chofe impoffibe.
En faifant ces réflexions défolantes pour

moi qui defirerois bien vivement partager
avec mes amis tout le plaifir que je prends,
toutes les fenfations que j'éprouve , nous arrivâmes dans le diſtrict de *Grip* , où M.
l'abbé P * * *. ne place qu'une feule maifon ,
& où nous ne vîmes qu'un feul village : cela
faute aux yeux. Comment fe peut-il qu'on
n'indique en cet endroit qu'une feule , qu'une
unique maifon , lorfque la route & la vallée
entieres font couvertes d'habitations , depuis
un quart de lieue au deſſus de l'auberge jufqu'au village de Sainte-Marie ? L'auteur naturaliſte étoit fans doute alors occupé par des
obfervations plus importantes. A *Grip* , l'on
s'arrête & l'on dîne avec des œufs , des
truites , du beurre frais , feules provifions
qu'on y trouve. Après ce dîner frugal , M.
Pafumot & moi nous nous féparâmes du
reſte de la troupe ; elle continua fa route
vers Bagnéres , & nous partîmes munis d'un
guide pour aller vifiter la marbriere, de
Campan.

Nous voilà remontés à cheval. Un pont
fur l'Adour fe préfente ; pont de fapins
couvert de débris de fchiſte & de granit ,

comme tous ceux du pays. Ce pont pafſé ,
nous ſuivîmes quelque tems la rive droite de
l'Adour, ombragée dans cet endroit par beaucoup d'arbres d'une fraîcheur admirable, j'y
reconnus , non ſans quelque ſurpriſe , l'Erable à feuille de Platane , *Acer Platanoïdes* ,
que je ne puis ſoupçonner y avoir été tranſ-
planté. En nous élevant au-deſſus de Grip,
dans les montagnes que nous allions traverſer , je trouvai auſſi pluſieurs belles plantes ,
entr'autres le Sureau à grapes , *Sambucus
racemoſa* , dont le fruit éclatant faiſoit un
ſuperbe effet , & contraſtoit admirablement
avec la ſombre verdure de ſon feuillage.
Le reſte de la route ne nous préſenta que
des prairies , des friches , des bois déſerts,
où nous rencontrions de tems en tems des
troupeaux , qui ſembloient , comme diſent
quelquefois les poëtes , errer à l'aventure. Le
regne végétal m'y offrit *la Daphné Thymelea,*
& deux ou trois autres plantes remarquables.

Nous deſcendîmes enſuite dans la val-
lée , où nous trouvâmes une belle route.
Après l'avoir ſuivie quelque tems vers le
Midi , notre guide nous détourne un peu

vers l'Eft, s'arrête dans le fond d'un vallon folitaire, & nous dit: Meffieurs, voilà la marbriere de Campan. A l'afpeét du
local, tentés de croire qu'il nous en impo-
foit, nous lui répondîmes d'abord:—Mon
ami, cela n'eft pas poffible; rien dans cet
épouvantable défert ne reffemble à une carriere.—C'eft cependant ici Meffieurs; voyez
donc! en prononçant ces mots il nous mon-
troit du doigt quelques blocs de marbre
taillés, & reftés dans la prairie. Laiffant
alors nos chevaux nous gravîmes une hauteur qui fe préfentoit en face. D'autres fragmens de marbre que nous reconnûmes pour
celui de Campan, & que nous trouvâmes
épars fur la route, nous indiquerent bientôt
la carriere d'où ils furent extraits. Elle eft
ouverte en trois ou quatre endroits. Abandonnée aujourd'hui, on y voit plufieurs blocs
à demi-détachés de la montagne, & même
à demi-polis en place. Le marbre de Campan eft fuffifamment connu. Il eft fort beau,
mais ne réfifte point aux injures de l'air.
Cela peut venir de fa nature fchifteufe; cela
peut venir encore de ce qu'il étoit mal ex-

ploité; car nous remarquâmes fort bien que les ouvriers ne fuivoient pas le fens des couches de la carriere : elles font inclinées, & ils l'exploitoient dans une direction horifontale. Au refte, M. Bayen a donné l'analyfe de ce marbre (1), & Louis XIV l'a fait fervir à la décoration des jardins de Marly, ce qui l'a rendu célebre.

Les hauteurs, vis-à-vis cette marbriere, font couvertes d'épaiffes & majeftueufes foforêts, & l'on voit tout près un paffage qui conduit à la vallée d'Aure. Je ceuillis, au bas de la montagne, le fuperbe Panicaut Améthifte, *Eryngium amethifteum*, que je n'avois encore vu qu'aux environs de Barége. Nous reprenons le beau chemin, qui, fans doute, a été conftruit en ces lieux reculés, pour faciliter le tranfport du marbre de la carriere : il nous conduira par Sainte-Marie, Campan & Beaudeau, à Bagnéres.

Sainte-Marie eft un village dont les alentours font délicieux; des habitations conti-

____

(1) Voyez le Journal de phyfique, mois de Juin 1778, tom. XI, pag. 495 & fuiv.

nuées le long de la route femblent le pro-
longer jufqu'à Campan. C'eft à demi-lieue
de ce dernier village qu'on voit la grotte,
beaucoup trop célebre, à laquelle il a donné
fon nom. Elle eft fituée fur le penchant de
la montagne aride qui s'étend à la droite
de la vallée, & qui forme un contrafte par-
fait avec celle de la gauche, couverte de
bois, de prairies & de moiffons. M. Pafumot étant refté fur la route, j'y laiffai mon
cheval, je traverfai le gave avec un petit
guide, & montai environ trois cents pas
d'une pente fort rapide, pour parvenir à
l'entrée de la grotte.

Je marche dans cette vafte citerne : des
Stalactites brillantes pendent de toutes parts ;
quelques-unes d'efpace en efpace, vont jufqu'à terre ; elles ont l'air de foutenir la voûte :
vues de loin dans ce féjour de ténebres, ces
colonnes difpofées au hafard femblent des
phantômes errans qui s'évanouiffent & reparoiffent par intervalles.

Toutes les cryftallifations de cette grotte
font calcaires, par conféquent peu intéref-
fantes pour les naturaliftes. Les eaux glacées

qui découlent fans ceffe de la voûte , font
de l'efpece d'*Antiparos* un vrai cloaque , &
comme je l'ai dit , une citerne auffi mal-
faine que défagréable par le froid qu'on y
reffent. Elle a , felon mon guide , 420 pas
de long fur à peu près autant de large : je
ne l'ai pas vérifié. Tout ce que je fais , c'eft
que fi la grotte eft belle; on retrouve le jour
bien plus beau après avoir habité feulement
une demi-heure ce trifte fouterrein.

Un marbre noir ou gris , gravé en lettres dorées , & placé dans le fond de cette
région des ombres , apprend aux curieux que
Mme. la comteffe de Brionne y eft defcen-
due en 1766.

Bientôt après avoir rejoint M. Pafumot ,
nous arrivâmes à Campan , où regne plus
encore que dans aucun autre endroit de la
vàllée , un air d'aifance & de richeffe qui
furprend les étrangers. Après Campan , fe
préfente la jolie demeure de M. l'abbé T ***,
hermitage charmant par fa pofition , & par
les peupliers d'Italie dont il eft environné.
La difgrace de cet abbé eft affez finguliere
pour que je la raconte ici.

C'eſt un homme très-aimable , de beaucoup d'eſprit , célebre même dans les lettres , & dont le mérite ne dépend nullement
des caprices du haſard , ou de la faveur. Or
voici ſon aventure. Prêchant un jour devant
Louis XV , il alloit commencer ſon diſ-
cours ſans faire le ſigne de la croix : pure
diſtraction dont perſonne ne lui auroit de-
mandé compte ; mais par malheur , le roi
s'en apperçut , & le témoigna par un ſou-
rire. On connoît la vivacité d'eſprit ordinaire de M. le duc de Noailles (alors duc
d'Ayen) ; il s'approcha du monarque , &
lui dit : Sire , votre prédicateur va nous donner ſans doute un ſermon à la Grecque :
plaiſanterie qui n'étoit d'abord relative qu'à
la mode actuelle , mais qui fut trouvée l'inſtant d'après d'autant plus heureuſe , que l'abbé,
comme s'il l'eut fait exprès , débuta par ces
mots : *Les Grecs & les Romains* , &c.
Vous imaginez bien que le roi ſourit une
ſeconde fois , que les courtiſans éclaterent ,
que l'auditoire s'émut , & que la chûte de
l'éloquent orateur fut complette.

A peu de diſtance de l'hermitage où le

prédicateur diſtrait ſe conſole d'une diſgrace momentanée, par la gloire durable & méritée qu'il recueille de l'impreſſion de ſes ouvrages, ſe préſente le village de Beaudeau, où toutes les femmes me parurent laides : j'avois trouvé charmantes celles de Campan. C'eſt ici la demeure de M. Fournier, notre beau chaſſeur du pic du Midi : nous voulûmes le voir en paſſant ; mais il étoit depuis deux jours à la pourſuite des Iſards, & ne devoit revenir que bien avant dans la ſoirée. L'impoſſibilité de l'attendre, vu que le jour penchoit ſur ſon déclin, nous obligea de continuer notre route, en lui faiſant témoigner nos regrets. Environ une heure après, nous arrivâmes à Bagnéres (1).

Le premier d'Août, toute la matinée ſe paſſe à parcourir la ville, & ſes bains ſi mul-

---

(1) Selon l'Encyclopédie méthodique, géographie moderne, tom. 1er, part. 1ere, il y a 14 lieues de Campan à Bagnéres ; or vous ſaurez, à la plus grande gloire de nos chevaux, cependant très-fatigués, que nous devons avoir fait ces 14 lieues en deux heures.

tipliés : bains de la reine , bains du dauphin , du grand prieur, du petit prieur, de Lannes, &c. &c. ; presque chaque maison a les siens.

Rien de si joli, de si peuplé, de si vivant que Bagnéres. je le savois, je l'avois oui dire mille & mille fois ; cependant j'en ai été surpris encore. Au reste cette ville est si connue que je me dispenserai de la décrire ; je rapporterai seulement les inscriptions Romaines que nous avons trouvées, & que M. l'abbé P*** n'a point indiquées, ou dont il n'a pas fidellement désigné le lieu.

*Sur un autel de marbre blanc de la hauteur de trente trois pouces, non compris la plinthe, & placé sur la fontaine publique de Bagnéres inscription dont M. l'abbé P*** n'a point parlé (1).*

______

(1) Il doit paroître assez extraordinaire que M. l'abbé P * * * ait oublié cette inscription qui fixe le nom latin de la ville de Bagnéres, (*vicus Aquensis*). Elle se trouve rapportée dans la cosmographie de Silerula , édit. des Elscvirs, pag. 449.

NVMINI AVGVSTI
SACRVM
SECVNDVS SEMBEDO
NIS FIL' NOMINE
VICANORVM AQVEN
SIVM ET SVo poSVIT

Autre inscription sur un petit autel de marbre blanc de 15 pouces de hauteur, encadré dans le mur de la maison, appartenant à M. Adoret Me. en chirurgie à Bagnéres, près la fontaine de salis (1).

NYMPHIS
PRO SALV
TE SVASE
VER SERA
NVS V. S. L. M.

---

(1) Il est remarquable qu'Arnaud Oiénard, qui rapporte cette inscription & la suivante, pag. 506 de sa *noticia Vasconiæ*, l'indique à peu près à l'endroit où on la voit encore de nos jours. *Vetus lapis*, dit-il, *domum cujusdam Bagneriarium urbis parieti juxtà portam salariam affixus.* Cette porte de Salis n'existe plus.

Troifieme infcription , fur un petit autel de marbre blanc de 26 pouces de hau- teur y compris le pied deftal & la corniche. Ecriture maigre & fans barre aux A dans le mur du jardin de M. Dufer près de la fontaine de falis (1).

MARTI

INVICTO

GAIVS

MINICIVS

POTITVS

V. S. L. M.

Quant aux eaux minérales de Bagnéres, leurs propriétés font connues. J'ai vû dans cette ville, des maifons dont la façade eft entiérement conftruite en marbre poli; il

----

(1) Les quatre lettres initiales qui terminent ces deux dernieres infcriptions, fignifient, felon quelques - uns, *votum folvit libenter meritò* ; & felon d'autres, *votum folvit loci manibus.* J'adop- terois volontiers la premiere explication, qui ne me paroit fufceptible d'aucune difficulté, en re- gardant *meritò* comme un adverbe,

eft employé dans prefque toutes en pilaftres ,
en corniches , en cordons ; dans toutes on
le voit encadrer les portes & les fenêtres :
ornement qui eft de goût fans être de luxe ,
dit fort bien quelque part M. Dufaulx.

Nous avons remarqué dans le cloître des
jacobins, & parmi les fculptures fingulie-
res dont les chapiteaux gothiques des colonnes de ce cloître font furchargées , la
figure d'un ménêtrier jouant du tambourin à trois cordes tel à peu près qu'il eft
encore en ufage. Cette figure qui a l'air
de datter du douzieme ou treizieme fiecle,
nous prouve que cet inftrument de mufique eft fort ancien dans le pays : nous n'y
vîmes point le flutet, ou le *galoubet*, des
Provençaux (1).

Vers le foir M. Pafumot & moi fûmes
vifiter les bains de *Salut* fitués à un quart

- - -

(1) A l'entrée de l'hyver on voit chaque année defcendre de la Bigorre, dans les provinces
voifines, des bandes de ménétriers qu'on nomme
les couples de Bagnéres. Ils viennent ainfi péri-
dioquement égayer nos bals & nos fêtes avec

de

de lieue environ de la ville, à laquelle ils communiquent par une allée de peupliers. Les bai-
gnoires y font de marbre blanc, propres &
commodes. Un quinconce de tilleuls y fert
de promenade quand le tems eft beau, à
ceux qui font des remedes; de grands hangards leur permettent le même exercice
lorfqu'il pleut.

De ces bains nous gagnâmes un petit
fentier d'abord embarraffé par des rochers;
enfuite prolongé dans de jolies prairies, &
qui nous conduifit au parc des capucins
de Médons. Séjour délicieux, trop connu
pour être décrit dans ce journal; & qu'on
prendroit pour les champs élifées, fi l'on
n'y voyoit, au lieu d'ombres heureufes, errer
des derviches barbus, qui détruifent l'illu-
fion de fond en comble. Avec quel étonnement ne voit-on pas fortir ici d'une

leurs tambourins : le carnaval fini, ils retournent
dans leur patrie. Le tambourin fe trouve ici na-
turalifé, comme la vielle dans les Alpes de la
Savoie, & la vallée de Barcelonnette.

G

grotte, un ruisseau tout formé ! Avec quel plaisir, un peu plus loin, ne découvre-t-on pas au milieu des broffailles, l'entrée d'une petite caverne dans laquelle, ayant fait quelques pas, ayant apperçu le jour dans le lointain, ayant marché vers ce lointain, on se trouve dans le parc tout près de l'endroit d'où l'on étoit parti ! J'ignore si l'on a beaucoup parlé de cette grotte ou caverne, qui le mérite cependant, & qui a eu auffi ses stalactites dont on voit les fragmens encore adhérens à la voûte : elle est formée dans une roche de marbre. Toute l'enceinte du jardin que je nomme le parc, est plantée d'arbres d'une verdure & d'une fraîcheure peu communes. J'y ai rencontré mon arbre de prédilection : l'Erable à feuilles de Platane. J'y ai vu auffi la Circée majeure *Circea Lutetiana*. L'église n'a rien de remarquable qu'un autel en baldaquin fort doré, & de fort mauvais goût.

Le 2, nous retournons en voiture aux bains de Salut ; nous revenons enfuite à Bagnéres pour aller fur le chemin de Tarbe jufqu'au village de Ploufac. Un obfervateur récent défigne des roches d'*ophite* près du pont de ce village. M. Pafumot examine & vérifie. Au lieu d'*ophite*, la roche fe trouve de granit noir. Méprife manifefte ; nous rapportons des échantillons de ce gra-nit.

Je projette pour demain une courfe fur la montagne de l'Heyris, avec un herbo-rifte du village d'Afté. Cet herborifte, nom-mé Jacou, ne compte que des herboriftes pour ancêtres, jufqu'à celui qui ayant par-couru cette contrée avec Tournefort, a fait l'illuftration de fa famille. Ce trait fur la généalogie des Jacou eft tiré d'un imprimé qu'ils débitent aux étrangers avec leurs *vul-néraires*. Je n'ai point vu le Jacou actuel ; mais j'ai prévenu fa mere qu'il auroit ma vifite demain de très-bonne heure.

Le 3, à quatre heures du matin, je fuis déja lancé fur la route de Médons, & de-mande à qui veut m'entendre le chemin du village d'Afté. Bientôt je me trouve enve-loppé dans une proceffion qui fe rend gra-vement de Bagnéres à Médons, pour im-plorer les bonnes graces de Notre-Dame.

La proceſſion ne me conduiſant point au village d'Aſté , je la quitte ; & traverſant l'Adour, je vais chantant tout ſeul mes litanies vers la demeure du botaniſte Jacou. Il m'attendoit, prêt à-partir pour la montagne. Sa bonne mere , deux de ſes ſœurs, une très-jolie couſine ſe trouvent là ; c'eſt preſqu'au lever de l'auſore , c'eſt au milieu du jardin qu'on me reçoit en cérémonie. Les dames Jacou avec leur capulet blanc ou rouge ; M. Jacou en gilet , en bonnet pointu , en guêtres , ſans ſouliers : mais jeune-homme de vingt-cinq ans , mais bien robuſte , mais bien leſte. Un ſimple compliment de ma part , cimente la familiarité qui va déſormais régner entre nous. Je jette un coup-d'œil ſur le jardin ; je vois qu'on y cultive l'Aconit Napel ; je témoigne ma ſurpriſe de voir ce terrible *poiſon* végéter au milieu des herbes médicinales & ſalutaires. La mere me répond ſur-le-champ : — Nous connoiſſons fort bien , Monſieur, les qualités malfaiſantes du Napel ; il y a peu de jours encore que m'étant oubliée ici trop long-tems au grand ſoleil , j'éprouvai un étourdiffement très-douloureux, & qui pouvoit devenir funefte. Mais notre grand-pere l'a placé lui-même où vous le voyez : il aimoit à contempler le port, le feuillage, la fleur de cette plante, & nous nous fommes toujours fait un devoir de la refpecter. — Bonnes gens, dis-je alors tout bas, qui vénérez ainfi la mémoire de vos ancêtres !.. M. Jacou, votre jardin eft fort beau ; mais celui de la nature l'eft encore davantage ; déjeûnons & partons. On déjeûne avec du lait, avec du beurre, & l'on part. Nous allons, me difoit Jacou, nous allons parcourir les bois & les montagnes où je ramaffe mes *vulnéraires*, nous nous éléverons fur le fommet de l'Heyris, d'où vous jouirez d'une perfpective toute auffi étendue que du haut du pic du Midi ; enfuite nous verrons le *puit d'Arris*, & reviendrons par une autre route. Qu'eft-ce donc, M. Jacou, que le *puit d'Arris* ? — Monfieur, c'eft la cavité d'une ouverture affez peu confidérable ; mais dont on a jamais pu fonder la profondeur. Le puit d'Arris, me difois-je, doit être une curiofité naturelle affez remarquable ; & cependant c'eſt la premiere foís que j'en entends parler. Tout en montant, je cauſois ainſi avec moi-même , & avec M. Jacou , qui de tems en tems me faiſoit remarquer certaines plantes officinales, comme la Verge d'or , la Véronique de montagne , & quelques autres, les ſeules qu'il connoiſſoit. Cauſer avec intérêt , obſerver avec avidité , abrêgent finguliérement la route. Celle-ci fut nulle pour moi ; à peine m'étois-je apperçu de mon départ, que j'étois déja dans une forêt très-élevée, parmí les hêtres & les ſapins. Ayant percé la forêt , nous nous trouvâmes ſur le l'Heyris en face de ſon dernier ſommet , & dans une prairie qui me parut au premier coup-d'œil le lieu le plus ſolitaire de la nature. Mais je ne tardai point à m'appercevoir que nous étions bien éloignés d'être ſeuls. A peine fûmes-nous ſortis de la forêt , que cinq cents cornets à bouquin ſe firent entendre des hauteurs voiſines. Ils ſe répondoient mutuellement , & retentiſſoient dans les rochers d'une maniere effrayante & terrible. Surpris , je m'arrête avec une eſpece d'effroi. — Monfieur Jacou , quel eft ce bruit ? ce n'eft rien , me répondit-il , les Pafteurs qui nous ont vus , s'annoncent réciproquement notre arrivée dans la prairie. Il ceffe de parler. Je reconnois des troupeaux de vaches , de chévres , de brébis , qui paiffent tranquilement fur le bord des précipices ; j'apperçois des bergers à l'ombre de grands arbres , étendus avec leurs chiens. Ces derniers ne paroiffent nullement émus à notre afpect : les loups feuls méritoient , fans doute , leur attention ; & nous n'étions que des hommes. Cependant nous avancons , en étanchant de tems en tems notre foif dans les fontaines limpides , où le berger pratiquant un abreuvoir pour fes vaches , a ménagé pour lui un recoin particulier dans lequel elles ne peuvent troubler l'eau qui le défaltere. Quelle vie que celle de ces bergers ! ils paffent ici fix mois de l'année , comme les Anachoretes de la Thébaïde , & ne communiquent entr'eux , que par les cornets à bouquin dont ils nous ont fait entendre la mélodie. Le jour , fans ceffe ifolés au milieu de leur troupeau ; fans ceffe en activité pour veiller à ce que nulle vache, nulle brébis, nulle chévre, ne s'égare, ne tombe dans un précipice, ne devienne la proie des loups ; la nuit se retirant sous le toît de leurs cabanes, & dormant environnés de leur peuple ruminant qui repose lui-même sous la garde du chien fidele. Quelle vie! & cependant les montagnes sont couvertes de ces sortes de gens, qui non-seulemenr ne connoiffent pas d'autre exiftence ; mais qui peut-être ne voudroient pas échanger leur sort avec celui du citoyen le plus opulent de nos villes capitales. Treve de philofophie ; avancons. Répofons nous plutôt, me dit mon guide ; nous avons à gravir *la pene* du l'Héyris, que vous voyez au-deffus de notre tête (1). Mais c'eft une chofe impoffible, Monfieur Jacou ; nous ne monterons jamais fur ce rocher ! — Affeyons-nous, me répondit-il ; je vous conduirai bien. Je m'af-

---

(1) Pene, en langue Celtique, fignifie le fommet d'un lieu élevé. Cette expreffion s'eft confervée en Bearn & en Bigorre.

fieds , & je regarde. Or , voici ce que c'eft
que *la pene* du l'Héyris. Une maffe énorme
de marbre qui couronne la montagne ; &
qui forme une excavation affez confidérable
du côté du Midi pour recevoir plus de deux
cents hommes, fur deux, trois, quatre ou
davantage de hauteur. Je lui donne 80 ou
100 pieds d'élévation , & juge qu'elle peut
avoir trois cents toifes d'étendue de l'Eft à
l'Oueft ; bloc véritablement énorme , qui
commande les hauteurs voifines, & dont les
proportions étonnent les yeux. Quoi ! répé-
tois-je fans ceffe à Jacou , nous monterons
fur ce rocher ? Suivez-moi , me dit-il. Dix
minutes après nous voilà fous l'excavation
dont j'ai parlé. Plufieurs belles plantes y
avoient élu leur domicile ; entr'autres la Saxifrage Cotyledonne (1). La Campanule Grandiflore , le Buplêvre étoilé. Nous fuivons
cette excavation à l'abri des rochers , qui

---

(1) Cette fuperbe variété que Tournefort a
défignée par la phrafe fuivante : *Saxifraga Sedi
folio , flore albo multiflora. ins. R. H , 252.*

par leur faillie , forment une voûte à 60
pieds pour le moins au-deffus de nos têtes.
— Mais je ne vois pas de route encore qui
puiffe nous conduire fur la montagne. —
Suivez-moi , me difoit toujours Jacou.—Allons , difois-je à mon tour , fans trop favoir
ce que j'allois devenir. A la fin mon guide
s'arrête , & me montrant une crévaffe perpendiculaire dans le rocher , où il s'étoit
éboulé un peu de terre : c'eft ici , me dit-
il , qu'il faut monter ; & fans autre préli-
minaire il me donne· l'exemple. Réfolu
comme je l'étois de ne point ménager mes
forces , que je fentois rétablies par l'air de
la montagne , je m'élance fur les traces de
Jacou. Voici fans contredit la pente la plus
rapide que j'aie gravi dans les Pyrénées.
Nul chemin, nul fentier, n'y dirigent l'efcarpeur ; il faut néceffairement qu'il s'accro-
che avec les mains aux rochers, aux arbriffeaux , au gazon même qui fe trouve
à fa portée. Bientôt il eft vrai, le paffage
s'élargit , mais fans devenir moins difficile.
Jacou s'émerveilloit de mon agilité ; je
l'avois en effet dévancé dans la carriere ,

& graviſſois avec une nouvelle ardeur. Les magnifiques plantes au milieu deſquelles on ſe trouve tout-à-coup , font compter pour rien la peine & le danger. L'Aconit Lycotome , une foule de belles Liliacées , ſe préſentent au Botaniſte. Il n'a des yeux que pour les admirer , des mains que pour les ceuillir , & ſe trouve ainſi porté ſans s'en appercevoir ſur le ſommet ſourcilleux qu'il avoit d'abord regardé comme inacceſſible. Mais en ce lieu , peine & danger , plantes même , tout s'oublie , pour admirer la perſpective immenſe qui s'offre aux regards. Les collines , les plaines , ſe confondent; tout eſt ſurface unie pour celui qui plane à une auſſi grande hauteur : ſa vue n'a d'autres bornes que celles que lui preſcrit irrévocablement la foibleſſe de ſon organe. Voilà Toulouſe , diſoit Jacou ; vous diſtingueriez le pont de cette ville , ſi vous aviez une bonne lunette. Voilà Lombez , S. Gaudens , Auch ; Tarbe , ſes clochers ſautent aux yeux. Voilà le pic du midi. Je me retourne pour regarder cette ſuperbe montagne , dont le ſommet dégagé de nüages , porté ſur la croupe d'autres montagnes, femble s'élancer dans la région de l'éther. Je la contemple avec admiration, & penfant que j'avois gravi fur ce haut fommet, je fentis dans le fond du cœur, un certain mouvement de vanité, dont je ne pus me défendre. Quoique moins élevé que fur ce pic, vous jouiffez du côté de la plaine, d'une vue tout auffi étendue que celle qu'il vous auroit offerte, me difoit Jacou. en effet, elle doit être abfolument la même. Je ne perds aujourd'hui que la chaîne des montagnes intérieures qui ne nous furent point dérobées le 15 du mois dernier, lorfque les nuages nous voilerent totalement la plaine. Ainfi le fpectacle qui me ravit le trois d'août fur *la pene* du l'heyris, eft le complément de celui du quinze de juillet fur le pic du midi, & je prends une revanche entiere. Difant ces mots, mes yeux fe tournerent naturellement du côté du nord ; ils cherchoient ..... Que cherchoient-ils ? Ah ! fur le fommet d'une haute montagne, lorfque les villages, les villes fe rapprochent comme dans une carte géographique ; lorfque l'œil embraffe, pour ainſi dire, les provinces, & diſtingue leurs limites ; lorſqu'il ſuit au loin les fleuves dans leur cours ; qui ne penſeroit point à ſa patrie ? Avec quel empreſſement la vue s'abandonne alors dans l'imménſité de l'eſpace ! Avec quelle avidité l'imagination dévore l'étendue ! On croit toucher à ſa terre natale, on croit du moins l'appercevoir à l'horiſon, malgré l'éloignement fatal qui rend cette jouiſſance du cœur impoſſible. Mais ici point de réflexions, point de foibleſſe humaine. Notre courſe n'eſt pas terminée ; il faut ſonger à ſon retour. Déja nous deſcendons par une prairie en pente douce, entiérement couverte de Gentiane jaune dont les vaches ont brouté les ſommités, quelque forte que ſoit l'amertume naturelle de cette plante. Nous entrons dans un bois ſur la montagne d'Arris. Une volée de corbeaux nous précéde. Voyez-vous ces corbeaux, me dit Jacou, ils vont au puit. A l'inſtant même, ces oiſeaux qui d'abord ont volé d'arbre en arbre, ſe précipitent & ſemblent s'enſévelir dans le ſein de la montagne, les voilà dans le puit, reprend Jacou. Nous avançons quelques pas. — Prenez garde, Monſieur ; vous êtes ſur le bord. Je m'arrête & je vois à mes pieds des arbriſſeaux ; des branches d'arbres, qu'on avoit mis autour du précipice, & qui m'en déroboient l'entrée. Rien de ſi ſingulier que ce gouffre, auquel il n'eſt pas poſſible d'aſſigner une origine volcanique, où n'aboutit aucun torrent, & qui ſe préſente ſur le ſommet de l'Arris, comme une citerne que j'ai jugée de 15 à 18 pieds d'ouverture en quarrée. Ne pouvant m'approcher ſans danger, je pris le parti de me coucher ventre à terre pour remarquer l'intérieur de cette excavation, vraiment digne du curieux naturaliſte : mais des avancemens, des aſpérités de rochers très-conſidérables, ne me permirent aucune obſervation importante. J'entendis ſeulement le croaſſement des corbeaux dans l'intérieur de l'abyme. Le cri de ces oiſeaux qui ſe répétoit dans des échos ſouterrains, faiſoit un des effets les plus ſinguliers qu'on puiſſe imaginer. Nous jettâmes enſuite des pierres dans ce précipice. On les entendoit tomber long-tems de roche en roche, & par la diminution graduelle du bruit qu'elles produifoient, annoncer le grand efpace qu'elles parcouroient dans leur chûte ; mais ces pierres s'arrêtant, ou paroiffant toujours s'arrêter, plus ou moins près de l'ouverture, & fe fixant par conféquent à différentes hauteurs, il étoit difficile & même impoffible, de rien déterminer de pofitif fur les dimentions perpendiculaires de cette furprenante cavité. Pour reconnoître au vrai fa profondeur, je ne vois ici maintenant d'autre maniere à mon ufage que celle du philofophe Empedocles ; mais n'ayant aucune envie de la tenter, je continue ma route.

Quelques centaines de pas au deffous du puit, nous entrons dans une forêt de fapins. Graces aux habitans de la montagne qui précipitent les bois de charpente dans l'unique fentier qui fe préfente au milieu de la forêt, ce fentier luifant, & poli comme une glace, n'eft feulement pas praticable pour les ifards. Nul moyen, mes chers amis, de defcendre en fûreté dans ce paf-

fage difficile & pénible, fi l'on ne s'abandonne à la merci des ronces & des broffailles ; fi comme nous, l'on ne fe retient à
tous les arbriffeaux qu'on rencontre, à toutes les branches vertes ou féches, épineufes
ou liffes, fortes ou foibles, qu'on trouve à
fa portée ; fi comme nous, l'on ne court le
hafard de déchirer fes habits, d'enfanglan-
ter fes mains, de broncher à quelque obf-
tacle imprévu, de tomber dans quelque ravine cachée fous des feuillages trompeurs.
Cette forêt eft peuplée d'arbres magnifiques.
Plufieurs giffent fur la terre abattus par les
orages, & pourriffent inutiles à l'homme,
dans le lieu de leur naiffance. Ces fuperbes
végétaux, terraffés par les vents, ou par la
foudre, forment toujours dans les antiques
forêts un fpectacle qui arrête le voyageur.
De combien de réflexions l'efprit ne de-
vient-il pas fufceptible dans ces lieux folitaires, au milieu des plus beaux, des plus
grands accidens de la nature ! Un énorme
fapin, contemporain des fiecles paffés, qu'on
trouve fur les Pyrénées, renverfé, privé de
fes rameaux.déja décompofés, eft pour l'ob-

fervateur

(113)

fervateur le plus frivole , un fujet de médi-
tation bien fublime. Nous defcendons , je
mefure l'aire de la coupe horizontale de quelques-uns de ces arbres abattus par la coignée ;
ils ont 4 , 5 jufqu'à 6 pieds de diamêtre ,
ce qui donne 12 ou 18 pieds de tour. Je
cueille ici la Dentaire Pentaphille , le Mé-
linet mineur , l'Efperviere des montagnes ,
& plufieurs fortes d'Ail : ces derniers ne
font plus en fleurs ; je ramaffe leurs grai-
nes , ou j'enleve leurs bulbes. Je trouve auffi
dans cette épaiffe forêt le Grôfeillier des Alpes à fruit doux , & Jacou auquel je fais remarquer cet arbufte , me promet de m'en
envoyer de jeunes pieds vers la fin de l'au-
tomne. Nous defcendons encore. Nous defcendons toujours , cueillant tantôt une Fraife,
tantôt une Framboife , ou le fruit aigrelet
de la Myrtille , petite baie fort faine , pleine
d'un fuc agréable & rafraîchiffant. Nous
défaltérant par fois dans les fontaines , nous
arrivâmes ainfi fans nous en appercevoir à
l'endroit nommé les *Pantieres* ou les *Pa-
lombieres d'Afté* ; ce qui fignifie tout fim-
plement le lieu où les habitans d'Afté chaf-

H

fent les Palombes , *Columba Palumbus* (1).
Dirai-je un mot de cette chaffe ? elle eft
pourtant affez connue ; mais un mot eft
bientôt dit. De grands arbres font plantés
dans un vallon fupérieur , dont ils ferment
l'entrée ; des filets font tendus fous leurs feuillages ; des perches très-élevées font dreffées
tout auprès ; des hommes font montés au
fommet de ces perches à l'aide des échellons
dont elles font pourvues. Dans cet état on
attend les Palombes : elles arrivent , elles
approchent , & l'un des hommes montés
fur les perches , jette en l'air un morceau
de bois garni de plumes , que les Palombes prennent pour l'épervier. Elles s'abattent
alors , veulent paffer entre les arbres , &
font prifes dans les filets. Voilà leur hiftoire.
Pour finir la mienne aujourd'hui , qui me
paroît affez longue , je me hâterai ici , com-

----

(1) Et non *Columba Vinago* , comme il eft dit
fans doute par méprife dans le Journal de phyfique , mois d'Octobre 1782, où la chaffe de la
Palombe eft décrite avec beaucoup de détail ,
pag. 306—312.

me je me hâtois fur la montagne, d'arriver au village d'Afté. Debout & marchant prefque toujours depuis cinq heures du matin dans les lieux les plus efcarpés, accablé de fatigue, & n'ayant point dîné, on peut juger que j'avois d'affez bonnes raifons à deux heures après – midi pour defirer une halte. Preffé par les circonftances, je ne donnai qu'un coup-d'œil, & c'étoit beaucoup encore aux *murailles de Tanto*, reftes épars d'une fortereffe près d'Afté, qu'on dit avoir été bâtie par les Anglois. Enfin nous arrivâmes. Il en eft tems. Mangeons, repofons-nous. Pendant le repas frugal qui rétablit mes forces, nous nous entretînmes des herborifations de Tournefort fur les Pyrénées, où, comme nous l'avons dit, l'un des ancêtres de Jacou l'avoit accompagné. Le fouvenir des expéditions de ce grand homme s'étoit confervé par tradition dans la famille de Jacou. J'appris de ces bonnes gens que le célebre botanifte paffa une nuit fur le pic du Midi, à l'abri d'une tente qu'il y avoit fait dreffer ; il fut auffi parcourir l'Heyris d'où je venois, & fans doute toutes les

montagnes voifines. Quel plaifir d'accompagner Tournefort à cette époque , où la
plupart des plantes *Alpines* étoient encore
nouvelles : aujourd'hui nous ne faifons que
glâner fur fes traces. J'appris auffi quelques
détails fur la mort de M. Plantade , qui finit
fa carriere en montant au pic du Midi en
1741. La mere Jacou fe rappelloit fon en-
terrement dans l'églife de Campan, où l'on
a confervé long-tems & fon chapeau & fa
perruque. Enfin j'obfervai pendant ce repas
un ufage qui tient aux mœurs de ce pays,
& qu'il faut que je rapporte. La plus jeune
fille de la maifon, Saturnine Jacou, s'ha-
billoit pour aller à vêpres : elle prit à l'ordinaire fon capulet blanc , mit par deffus
tous fes habits un grand manteau d'étamine
brune bordé de noir, qui l'enveloppoit depuis les pieds jufqu'à la tête , & replia feulement fur le vifage le bord de fon capulet.
Cette toilette achevée , elle prit à la main
un pain de cire jaune , & fortit. Curieux de
favoir la raifon de ce coftume, j'interrogeai
à cet égard la bonne mere. Elle me répondit que lorfqu'une famille étoit en deuil

dans la vallée , il étoit indifpenfable qu'une perfonne de cette famille affiftât à chaque office de la paroiffe, revêtue d'un manteau , & tenant dans fa main, ou le pain de cire dont j'ai parlé, ou bien un cierge allumé , pendant tout le tems de l'office. Elle ajouta : — Ces enfans font dans la feconde année du deuil de leur pere , aucun de nous ne peut aujourd'hui aller à vêpres, & Saturnine va nous repréfenter. — Un deuil de deux ans ! Un coftume femblable en figne d'expiation ! Tout cela tient, comme on le voit, aux mœurs antiques.

Heu pietas , heu prifca fides !

Le dîné fini , je donne mon adreffe à l'honnête Jacou qui m'accompagne à Bagnéres. Chemin faifant nous trouvons la Renouée Biftorte, *Polygonum Biftorta* , qui groffit & couronne les moiffons de la journée.

Ici, mes chers amis, une réflexion m'arrête. Vous m'avez peut-être accufé mille fois en parcourant cet incipide journal, de ne vous entretenir que de pures bagatelles, indignes de votre intérêt ou de votre curiosité. Cependant je n'ai pas chaque jour sous la main de superbes cataractes à décrire, je n'habite pas toujours des villes bâties de marbre, je ne suis pas sans cesse sur le pic du Midi, ni sur la pene de l'Heyris, & si je n'avois à parler ici que de ces rians ou sublimes objets, j'interromprois à tous momens une correspondance qui, loin de vous, fait le charme de ma vie. A Gavarnies, je chante les forêts, les torrens, les cascades; à Bagneres, les inscriptions, les bains, le marbre, occupent ma plume; sur les sommets élevés, ce sont les beaux points de vue; les immenses perspectives, qui font le sujet de mon admiration; au village d'Asté, c'est la famille Jacou qui m'intéresse. Par-tout je cherche à vous faire voyager avec moi, à vous faire voir ce que j'ai vu, entendre ce que j'ai entendu; par-tout, si ce n'est pas trop me flatter, j'aspire à vous faire éprouver les sensations que je puis avoir éprouvé moi-même. Je l'ai lu quelque part, & vous le savez, mes chers amis, celui qui donne la relation complete de fes voyages eft une efpece d'hiftorien ; or l'hiftorien, ainfi que le fort impitoyable , frappe *æquo pede* à la porte des bergers comme à celle des monarques (1).

Le 4, à cinq heures du matin, M. Pa-fumot & moi dévançant Madame Amelot, & le refte de la troupe , partîmes pour revenir à Barége. Arrivés à Beaudeau , nous demandâmes Fournier; mais il étoit abfent. Voulez-vous favoir quelle fut l'iffue de fa chaffe au pic du Midi , lorfque nous l'y rencontrâmes ? Ses quatre compagnons de fortune & lui , coururent toute la journée fans fuccès ; le lendemain ils tuerent deux Ifards , & les vivres leur ayant manqué , ils en man-

---

(1) A man Who is giving a full account of his travels j hope you confider as an hiftorian ; and you know that hiftorians like death muft knock equo pede at the beggar's as at the king's door.

A journey from London to genoa , through england , Portugal , fpain , and France. By Jofeph Bareti. Vol. fecond. p. 77.

gerent un fur le champ de bataille. Voilà
ce qui s'appelle des chaffeurs, & non des
braconiers de nos plaines.

Ayant fait nos adieux à la Patrie du
Chirurgien Fournier, nous revîmes bientôt avec plaifir, & l'habitation du prédicateur diftrait (1), & la charmante petite
ville de Campan, & le village de Sainte-
Marie ; enfin celui de Grip, où nous nous
arrêtâmes vers les dix heures du matin.
Après un déjeûné du pays : c'eft-à-dire,
après avoir mangé du lait & du beurre,
auxquels nous ajoutâmes quelques œufs frais,
nous repartîmes de ce dernier village, &
fans attendre le refte de la caravane, nous
nous engageâmes dans le chemin du Tourmalet. Au-deffus de l'*Efcalette*. Je ceuillis
la Grande Digitale Pourprée, *Digitalis
purpurea*, plante fuperbe qui décore ces

____

(1) Ses fermons font imprimés en 3 vol. in-12
fous ce titre ; Sermons prêchés devant le roi
pendant le Carême de 1764. M. DCC. LXV,
à Paris, chez Saillant.

lieux déferts, & qui concourt avec les cafcades de *Tramefaïgües* à les rendre intéreffans pour les naturaliftes. A deux heures
après-midi nous étions fur le Tourmalet,
environnés de brouillards, & faifis par un
froid très-vif, ce qui ne laiffoit pas d'être
incommode, & même dangereux, pour
des gens qui comme nous, venoient de ref-
fentir pendant quelques jours toutes les ar-
deurs de la canicule, & qui le matin même
avoient été grillés par un foleil à reverbere
dans la vallée de Campan. Malgré le froid,
le vent & le brouillard, nous nous prome-
nâmes un quart d'heure environ fur le Tourmalet, & reconnûmes des filons de *quartz*
dans le fchifte qui forme cette montagne.
J'y obfervai la Véronique à feuilles de Ser-
polet, & la *Gentiana Nivalis* de Linné,
que nous avions vûes en abondance & prefque feules fur la partie la plus élevée du
pic du Midi, où la végétation eft en activité. J'y obfervai auffi que l'Iris *Xiphium*
dont la déclivité du Tourmalet eft entiérement diaprée, ne fe retrouve plus vers le
diftrict de Grip, ni même dans la vallée

de Campan. Après ces petites remarques ,
nous reprîmes la route de Baréges, où nous
arrivâmes à cinq heures & demi du foir ,
très - fatisfaits de l'intéreffant voyage que
nous venions de terminer.

Le 5 , encore un mot de Bagnéres. Les
étrangers trouvent cette ville charmante ;
affurément cela doit être ainfi. Elle eft fituée dans un beau pays ; elle eft très-jo-
liment bâtie ; il y régne un air d'aifance
& de propreté qui réjouit ; mais je n'en fuis
pas moins perfuadé qu'elle doit une grande
partie de fes agrémens , aux horreurs de
Barége & de Cauteretz. N'en doutons pas :
l'on quitte ces habitations déteftables , leur
climat trifte & févere , des gens eftropiés,
ou véritablement malades , pour defcendre
dans une plaine où l'on retrouve la belle
faifon , avec tous fes charmes : pour y voir
des citadins d'autant plus affables , qu'on
leur procure l'abondance ; des étrangers que
le plaifir plus que la maladie a raffemblés
dans un féjour, où l'étiquette a fait place
à la liberté. Voilà , fans doute, voilà ce qui
produit & l'enthoufiafme général, & les élo-

ges qu'on prodigue par - tout à Bagnéres :
ville qui, dans le fond, n'eſt qu'un colifichet,
une véritable découpure.

Le 8, M. Dufaulx retourne à Gavarnies
avec M. de Malonet, intendant de la ma-
rine à Toulon , & M. de Villeneuve, tré-
ſorier de l'hôtel-de-ville de Paris. Le premier & le troiſieme de ces hommes rares
vous ſont, je crois, déja connus. Le ſecond,
bien digne à tous égards, d'être leur ami ,
réunit comme eux toutes les qualités de
l'eſprit à toutes les perfections du caractere.
Son poême , intitulé les quatre parties du
jour à la mer, que vous avez lu ſans doute ,
annonça ſes talens dans la carriere de la
littérature , il acheve aujourd'hui un mémoire dont j'ai ſeulement ouï parler : ouvrage plus ſérieux , plus important que le
premier , & bien propre à couronner la
réputation de ſon auteur, ſi jamais il le pu-
blie. Tout ce que je puis ajouter ici ſans
indiſcrétion , c'eſt que le ſujet de cet ouvrage
eſt à la fois l'un des plus délicats que puiſſe
traiter un adminiſtrateur homme de lettres,
& l'un de ceux que la philoſophie & l'hu-

manité recommandent le plus fortement à tous les cœurs fenfibles (1).

Le 9 , promenade avec M. Pafumot aux environs de Baréges. La beauté de la foirée, le plaifir d'aller au devant de nos voyageurs de Gavarnies , nous engagerent d'abord dans la route de Luz. Peu-à-peu le penchant que nous avons l'un & l'autre pour l'obferva- tion , nous éloigna de nos projets , nous égara dans la campagne. Un petit fentier taillé dans le roc paroît à notre droite , & fe prolonge en ferpentant vers l'Oueft fur le flanc de la montagne. Ce fentier con- duit au village de Cers. Allons-y , dîmes- nous ; nous defcendrons enfuite vers le pont *Saint-Auguftin* , & retournerons à Barége par la grande route. Nous ferons peut-être quelque découverte nouvelle , & nos voya- geurs ne nous échapperont pas. Caufant ainfi ,

---

(1) C'eft un Mémoire fur l'efclavage des Négres. Il a paru vers le commencement de cette année 1789 , & fe trouve chez les marchands de nouveautés. Voyez le numéro 8 du Mercure de France ; note de l'Editeur.

nous avions traverſé le gave à la faveur d'un tronc d'arbre renverſé , eſpece de pont portant à faux ſur deux rochers mobiles qui lui ſervoient de culée ; nous étions déja dans la montagne parmi les ſchiſtes , les marbres , les granits. Comme par-tout ailleurs , nous avons reconnu ici que ces deux dernieres ſubſtances n'avoient jamais ſervi que de revêtement ou d'enveloppe à la premiere , & que ces enveloppes étoient viſiblement détruites en pluſieurs endroits , particuliérement vers les ſommets où ne paroiſſoit plus la moindre trace de leur ancienne exiſtence. J'obſervai quelques plantes ſur les bords eſcarpés de ce ſentier ; telles que le *Bupleurum Falcatum* , la *Satureia Montana* , l'*Hypocreſpis Multiſiliqua* , que je n'avois pas vues encore , excepté la Sarriete de montagne qu'on trouve dans le haut Agénois. Nous étant élevés inſenſiblement , nous découvrîmes à notre gauche un vallon ſupérieur , qui ne ſauroit s'appercevoir de la route de Luz , & qui offre un coup-d'œil très-pittoreſque ; enfin ayant tourné la montagne , la ravine profonde qui ſert de lit au

gave de Cers , fe préfente avec fon cha-
pelet de petits moulins , dominé par le village. Beaucoup d'eau , beaucoup d'arbres,
beaucoup de bruit ; des montagnes trés-rap-
prochées, très-efcarpées , fort obfcures, jet-
tent une fombre horreur dans ce recoin ,
qui réferve des détails intéreffans aux amateurs de la nature agrefte. Nous aurions bien
voulu pouvoir les parcourir , mais le jour qui
penchoit vers fon déclin, ne nous permit que
de traverfer le gave au milieu des moulins,
de gagner le village , d'où l'on jouit d'une
belle perfpective , & de defcendre enfuite ,
comme nous l'avions projetté , au pont Saint-
Auguftin. Il étoit nuit clofe quand nous ren-
trâmes à Baréges , fans avoir vu nos voyageurs encore derriere nous. Ces Meffieurs
ne revinrent que fort tard , pour le moins
auffi fatigués que fatisfaits de leur courfe.

Le 10 , M. Pafumot & moi projettons
un voyage à Notre-Dame de Héas pour le
15 , jour de l'Affomption de la Vierge.
Voici encore une Notre-Dame , qui comme celle de Betharams & de Médons eft
célebre dans ces montagnes. Auffi fameufe

que la premiere , & bien plus accréditée que la feconde, Notre-Dame de Héas eſt le centre où ſe raſſemble le peuple de 12 à 15 lieues à la ronde , pendant huit jours que dure la dévotion. On conçoit que cette chapelle , fituée dans les hautes Pyrénées , & loin des routes ordinaires , ne manque pas d'attraits pour les obſervateurs en tout genre.

Le 16 , je vous ai déja prévenus , mes bons amis, que je projettois un pélérinage à Héas, en l'honneur d'une illuſtre Notre-Dame. Ce voyage pénible , dangereux même à certains égards , n'ayant été du goût d'aucun amateur de Baréges, & les affaires importantes de MM. Dufaulx & Pafumot , m'enlevant le précieux avantage de marcher encore ſous leurs enſeignes dans cette nouvelle excurfion , c'eſt à regret que je viens de la terminer tout ſeul. Tout ſeul ! me direz-vous ? Oui mes amis ; tout ſeul avec un guide. Je me ſuis trouvé à Héas le jour de l'Aſſomption, dans le pays le plus triſte, le plus ifolé de la nature ; au milieu de dix mille Montagnards , accourus de tous les recoins des Pyrénées, j'ai été le témoin de leur ferveur, ou plutôt de leur fuperftition ; j'ai vu des glaciers, j'ai fait un recueil d'obfervations nouvelles..... Mais je m'apperçois que j'intervertis l'ordre des tems : il faut de la chronologie dans l'hiftoire. Revenons, je vous prie fur nos traces, & commencons enfemble le curieux voyage dont je vous dois la narration.

Le 14 au matin, je fuis encore à Baré-ge, indécis fur le parti que je vais pren-dre ; incertain fi je dois réalifer ou non le projet de mon pélérinage. On accumule , pour m'en détourner, les peintures les plus effrayantes, les raifonnemens les plus capa-bles de réfroidir mon zele pour ces mon-tagnes efcarpées , où perfonne ne veut m'accompagner. Cependant je me décide, je vais partir : quinze mille Montagnards au moins vont à Héas chaque année , Notre-Dame les protege ; aucun n'y périt. Mais, me dit-on, voyez les brouillards : il fe pré-pare un mauvais tems; vous êtes feul; que verrez-vous ? & mille propos de cette efpece. Je réponds, les brouillards peuvent & doi-

vent

vent fe diffiper ; vous connoiffez l'inconf-
tance habituelle de ce climat. Il faifoit beau
hier ; aujourd'hui le tems fe gâte ; il fera
beau demain : cela doit être , ou toute la
météorologie des Pyrénées eft fauffe. Vous
dites que je fuis feul ! j'ai mon guide ; j'ai
une lettre pour le vicaire de Gêdres ; &
quant à ce que je verrai , comptez - vous
pour rien un pays neuf , où perfonne ne
va, dont perfonne ne parle ? comptez-vous
pour rien le fpectacle que m'offriront les
habitans raffemblés de cette partie des Pyrénées ; leur coftume , leur lengage , leur
mœurs, leurs fuperftitions ? imaginez donc
que je vais acquérir d'un coup - d'œil des
réfultats qu'il me faudroit dix ans peut-être
pour me procurer en détail. Pendant que je
tiens ces propos , mon cheval arrive. ——
Quoi, tout de bon ! —— oui fans doute ; adieu
donc, —— bon voyage , bon voyage , adieu
donc, me crie-t-on de loin , tandis que
déja fur la route de Luz , je réponds de la
voix & du gefte.

J'aurois pû , j'aurois dû , fans doute,
m'arrêter à Luz, pour y voir notre infcrip-

tion fur le métier ; mais Saint - Sauveur m'appelle. Je ne connois pas Saint-Sauveur ; il eft jufte en paffant de lui rendre mon hommage. Je gagne le pont ; une route courte & bonne, ingénieufement pratiquée fur le bord d'un gave menaçant, me conduit au village. Il eft joli, bien bâti, bien peuplé d'étrangers ; fes bains font propres & comodes ; la montagne qui le domine ; & que nous voyons fi bien de Barége, eft à coup sûr une des plus hautes des moyennes Pyrénées. Je n'ai plus rien à dire de Saint-Sauveur. Si vous voulez connoître fes eaux, confultez les différentes analyfes qui en ont été faites. Je reviens fur mes pas. Me voilà fur le pont, & en tournant à droite, fur la route de Gêdres.

Bientôt je vois la marbriere, près du *Riou mo* (1) où l'on a trouvé la mine de Nikel (2). Elle eft difpofée par filons inclinés qui fuivent la direction des couches

______

(1) C'eft-à-dire en langage du pays, *mauvais ruiffeau.*

(2) *Cuprum Nikelum.* Lin. Sift. Nat. 146.

fchifteufes, defcendent de la montagne ,
paffent fous le gave ; & reparoiffent enfuite fur la rive gauche du torrent. L'endroit où cette mine pourroit être exami-
née le plus commodément, eft enféveli,
au grand préjudice des curieux, fous les
débris de la carriere. Ce minéral, fi rare
encore en France, & que depuis fi peu
de tems on fait exifter dans les Pyrénées ;
mériteroit fans doute, qu'on entreprît quelques traveaux pour faciliter fa recherche aux
naturaliftes. Au refte, ce n'eft pas l'intérêt
pécuniaire, qui fait courir après cette fubftance nouvelle (1) ; puifqu'elle n'a fervi jufqu'ici qu'à la compofition d'une poudre pour
tuer les mouches. Mais voici le paffage de l'é-
chelle. Je mets pied à terre ; il mérite que
j'aie pour lui cet égard. je defcends, &
cherche à le deffiner. Je deffine auffi le
mieux qu'il m'eft poffible, l'endroit où fera
placée notre infcription : cet endroit déja

____

(1) Nouvelle pour nous ; car il y a des pays
en Europe où elle eft très-commune.

remarquable par les ruines de la tour, d'où les habitans de la vallée, précipitoient dans le gave les miquelets, lorfque bien avant que la route actuelle eut été pratiquée, ils venoient, fautant de roche en roche fur le flanc de la montagne, défoler les environs. On raconte que, du haut de cette tour, un feul homme armé de fon fufil, tua dans une feule occafion, 400 de ces brigands ; qui depuis cette défaite, n'ont plus reparu dans la vallée, où le nom du héros eft encore en vénération.

Après le paffage de l'échelle viennent le pont de cir, ou de Lartigue, & les beaux accidens du gave qui le précédent & l'accompagnent ; puis l'autre pont, conftruit en bois, repofant à quelque diftance du premier, fur un rocher de granit, qui fe trouve là tout exprès au milieu des fureurs du gave. Mais je vous renvoie, Mefdames & Meffieurs, à mon premier voyage dans cette vallée romantique, fans m'arrêter à des répétitions auxquelles, mon efprit toujours exalté par ces grands fpectacles, alloit entraîner ma plume. Nous arriverons

donc aujourd'hui tout de fuite à Gêdres.
— Ma bonne , faites-moi parler à M.
l'abbé Mercére. Mon ami , M. l'abbé Mercére eft - il chez lui ? où demeure - t - il ?
Conduifez-moi chez M. l'abbé Mercére ,
difois-je , ma lettre à la main. Une voix
s'éleve, & j'apprends que M. l'abbé Mercére
eft à Héas. Bon ! c'eft où je le voulois, je
ne paffe pas cependant fans faire une fta-
tion à la grotte. A cette grotte, au fond
de laquelle , dit poétiquement M. Dufaulx ;
la nuit, par un accord magique, femble
dormir avec le jour. Mais partons vîte
pour Héas, car le foleil eft bientôt couché
dans ces montagnes.

En difant ces mots , je m'élance fur
mon cheval, il prend à la gauche du chemin. Pour le coup, me voilà dans une
région nouvelle. Je monte, je traverfe un
village, ou plutôt un hameau. C'eft Gêdres - deffus ; je le note dans mon journal.
Il n'y a rien de remarquable à Gêdres-
deffus, fi ce n'eft un petit pont bâti fur
un petit gave, qui defcend de la montagne
à la gauche du voyageur. Ce pont conftruit

fur le gave, dont les deux rives fe trouvent d'inégale hauteur, eft à demi ruiné,
& produit un effet affez pittorefque. Quant
au torrent, il defcend comme je l'ai dit,
à la gauche du voyageur, fe perd en mur-
murant dans le gave de Héas, qui feul occupe le fond de la vallée; paffe dans la
grotte de Gêdres, & va groffir à fon tour
celui de Gavarnies. Tandis que le gave de
Héas roule fes eaux entre deux rochers qui
le dérobent à notre vue, nous cheminons
fur un petit fentier tracé dans la montagne.
Pour fuivre avec fécurité cette route dangereufe, il faut avoir déja pratiqué toutes
celles que nous avons parcourues dans les
Pyrénées. Un rocher perpendiculaire, dont
je ne puis déterminer la hauteur, eft au
deffus de nous. Sous nos pieds ce rocher
eft moins vertical; mais il eft dans fa con-
vexité, uni comme une glace, & paroît
formé d'un feul bloc. Toute efpece d'ef-
poir feroit interdite à celui qui feroit un
feul faux pas dans ce lieu périlleux.

Il tomberoit infailliblement à cinq cents
pieds de profondeur dans le gave, qui s'eft

ouvert des routes ténébreuses fous ce rocher
dans le creux de l'étroite vallée. Il faut donc
ici , mes amis , defcendre de cheval , marcher avec prudence ; c'eft le parti le plus
sûr , & c'eft celui que j'ai pris depuis l'entrée de ces horribles précipices. Cependant
le gave fort peu-à-peu , vers la mi-chemin
de Gêdres à Héas , du lit obfcur où on
l'avoit perdu de vue. On le voit fe précipiter
bientôt après d'un rocher de marbre de 12
à 15 pieds de hauteur, qui traverfe le lit
du torrent , & qui s'évafe en forme de co-
quille avec tant de régularité , qu'on le prendroit par-tout ailleurs pour un ouvrage de
l'art. Au deffus de cette charmante chûte
d'eau, le gave devient filencieux en traverfant une petite prairie , où l'on apperçoit
çà & là des blocs de granit brifés, antiques
revêtemens des montagnes fchiffeufes qui
dominent les environs. Enfuite le gave reprend fon cours impétueux , & roule avec
fureur fes eaux mugiffantes. C'eft ainfi qu'il
s'échappe du cahos de Héas : cahos que je
ne faurois décrire ; cahos mille fois plus
étendu , plus impofant , plus terrible que

I 4

çelui de Gavarnies ; quoiqu'il ne foit pas en général compofé de fragmens auffi confidérables. Je dis plus étendu , parce que l'éboulement qui l'a produit couvre toute la déclivité de la montagne , & comble , pour ainfi dire , la vallée : je dis plus impofant & plus terrible , en ce qu'on le voit d'un feul coup-d'œil dans toute fon immenfité , & que fi le cahos de Gavarnies préfente comme celui-ci l'idée d'un monde fracaffé, on y circule du moins autour des ruines qui le compofent ; ce qui ne laiffe pas d'en dérober un peu l'horreur ; mais dans l'étonnant amas de granits à vive arête dont il s'agit, on marche fur le granit même , on foule aux pieds ces effroyables débris , & la vue fe perd fur une région défolée. Au milieu de ce vafte amas de rochers entaffés par le hafard , s'élève un bloc énorme qui , par fa grande hauteur & fes dimenfions extraordinaires , femble commander le cahos, & défier encore les montagnes voifines dont il eft le produit & le contemporain. Ce bloc qu'on nomme le *Caillaou de la Raillé*, jouant un rôle principal dans l'hiftoire de

Notre-Dame de Héas, nous y reviendrons dans la fuite. Il me fuffira de dire ici que, parvenu près de ce rocher, la nature paroît morte tout-à-coup aux yeux du voyageur. Plus de gave turbulent, plus de végétation, plus de mouvement, plus de vie. Au lieu d'arbres & de moiffons, des quartiers de granit, comme je l'ai dit, accumulés à vive arête, & portant les uns fur les autres d'une maniere effrayante ; une immenfité de pierres fracaffées fur lefquelles la vue s'égare ; au lieu de torrens écumeux, un lac immobile qui réfléchit les cieux comme un vafte miroir ; enfin des pics fourcilleux, d'une extrême aridité, qui fe prolongent paralellement en face de l'obfervateur, & une haute montagne toute chargée de neige, toute couverte de glaciers azurés, qui termine la perfpective. A la gauche, vers le fond de la vallée, & non loin du lac, fe voit une chapelle folitaire, c'eft la demeure révérée de Notre-Dame de Héas. Ni cette chapelle, ni dix à douze mille perfonnes qui l'environnent, ni deux gaves mêmes qui defcendent en cafcades à la droite du cahos, & viennent

fe perdre fous fes ruines, ne peuvent animer certe horrible folitude. Tout s'anéantit,
tout devient paffif & nul dans cet éternel
domaine du filence. On fe croit tranfporté
fubitement aux régions infernales fur les rives du Léthé, où les ombres muettes, où
les ondes froides & pareffeufes n'offrent autour d'elles que le repos & la mort. J'ap-
proche en côtoyant le lac ; un gave tranquille y termine fon cours. Enfin me voici
devant la chapelle. C'eft un édifice moderne, bâti en forme de croix grecque, &
furmonté d'un petit dôme dans fon milieu.
La porte, ainfi que deux pilaftres, & l'attique qui l'accompagnent, font de marbre.
Dans l'attique fe voit une ftatue de la Vierge
avec fon enfant Jéfus ; le tout en marbre
gris, à la réferve des figures & des mains
qui font en marbre blanc. Cette ftatue a de
la grace, & des contours agréables ; ce qui
n'a pas laiffé de me furprendre, ne pouvant
imaginer qu'un fculpteur, tant foit peu médiocre, eût jamais travaillé pour Notre-
Dame de Héas. J'entre dans la chapelle :
un prêtre en furplis, établi devant fon bu-

reau près de la porte , y reçoit de l'argent de toutes mains , en écrivant par fois fur un regiſtre apparamment ce qu'on lui donne. Le petit édifice eſt fort orné pour le pays ; de très-mauvaiſes peintures cependant couvrent les murailles. J'obſerve que les voûtes dans ces recoin du monde où l'on ne vit jamais de tuileries , ſont figurées en briques , lorſque dans les autres contrées les briques , le plus ſouvent y repréſentent des pierres : tant on veut en tous lieux , en toutes choſes , paroître avoir ce qu'on n'a point. L'intérieur de la chapelle eſt ſombre , comme celui de toutes les égliſes que j'ai vues dans les Pyrénées. — Cette obſcurité , loin d'être un défaut , me ſemble toujours devoir accompagner dans les temples le receuillement & la priere. Ici paroiſſent trois autels. Le principal eſt en face de la porte ; les latéraux ſont ſitués aux extrêmités des deux bras de la croix, & ſe regardent mutuellement. L'un de ces autels offre dans ſon tableau la Notre-Dame du lieu , revêtue du capulet rouge des Montagnards. Ainſi la Vierge eſt noire pour les Négres & le Métis des colonies

Efpagnoles ; blanche pour nous ; affublée de beaucoup de rubans dans nos provinces où l'on aime l'étalage de la parure ; à Héas elle eft en fimple capulet : chacun lui donne fa couleur & fon coftume. Mais revenons. Le maître-autel eft éclairé de mille cierges qui me montrent deux ftatues de Notre - Dame. L'une grande de demi-nature, & très - parée, eft au - deffus du Tabernacle, hors de la portée du vulgaire ; l'autre de la hauteur de 18 pouces environ, répofe fur l'autel. A chaque inftant quelque dévôt perfonnage entre dans le Sanctuaire, s'avance avec beaucoup de révérences & de génu-flexions, embraffe la petite ftatue, la baife fur les deux joues, lui paffant enfuite les mains fur la tête, les rabat fur les épaules, & fuit le corps jufqu'aux talons. Les hommes fe contentent de cette efpece de magnétifme, mais les femmes pour prodiguer à la ftatue leurs tendres careffes, l'enlevent de deffus l'autel ; plus familieres que les hommes, la prennent dans leurs bras. De tems en tems paroiffoient auffi quelque *Serviteur* ou *Servante* de Notre - Dame, qui

portant un paquet de chapelets de bois ,
ou d'anneaux de cuivre, au bout d'un bâton, venoit paſſer & repaſſer dévôtement
ſon offrande ſur la figure de la grande ſta-
tue d'en haut. De pareilles ſuperſtitions font
pitié; cependant ces bonnes gens ſont plus
heureux avec elles, que ſi quelque demi-
philoſophe, leur enlevoit par ſes obſcurs
raiſonnemens cette naïve confiance & cette
antique bonne foi. Après un quart-d'heure
de réflexion ſur ce riche ſujet, elles me
conduiſent naturellement hors de la chapelle.
Je demande M. Marcére à tous les échos?
car il n'y a guere ici que les échos qui
veuillent ou puiſſent m'entendre. Tant on
paroît avoir d'affaires, & tant mon lengage
ſemble étranger. Cependant le nom de M.
Marcére eſt de tous les idiômes; il frappe
au haſard quelque oreille Montagnarde. Le
vicaire eſt averti de ma recherche, il arrive; je lui remets ma lettre, il la lit à la
hâte ſans quitter ſon ſurplis; me conduit
chez un payſan, à deux pas de diſtance,
me dépoſe dans ſa cabane couverte de chau-
me, me fait quelques excuſes à demi-

prononcées , & comme un trait , repart
pour fa chapelle. La bonne protection ! je
fuis vifiblement tout auffi bien recommandé
que fi j'étois tombé des nues. N'importe,
voici l'occafion d'invoquer les grandes ref-
fources ; celles qui dans les divers pays du
monde , ne manque jamais leur effet. Je
tire ma bourfe , je promets de l'argent.
Auffi-tôt de quatre efpece de lits que je
vois dans une efpece de chambre , l'un m'eft
deftiné ; mais cette efpece de chambre eft
remplie de toute efpece de gens : quatre-
vingt perfonnes au moins , hommes ou
femmes , & de différentes vallées la rem-
pliffent au point de ne pouvoir y refpirer.
Je me retire doucement dans un autre efpece
de chambre à côté de la premiere. On y fait
la cuifine ; quelle cuifine grands dieux !
Les pinceaux même de Teniers ou de Calo
ne fauroient la repréfenter. Veut-on de la
foupe ? elle fera bientôt faite. La marmite
part pour aller puifer l'eau du gave ; car
jamais on ne vit encore de cruche à Héas ;
la marmite revenue eft fufpendue fur un feu
de genievre , feul bois de chauffage dont

on ufe ici ; la marmite va bouillir, grande nouvelle, puifque la foupe eft achevée. Oui, mes amis, le pain déja préparé dans un grand plat de bois, avec une petite boule de beurre, eft inondé d'eau bouillante, voilà le potage ; une gouffe d'ail, un oignon crud, mâché par la cuifiniere, puis craché fur le potage, voilà l'affaifonnement, la derniere façon du traiteur. La foupe eft fervie ; elle eft excellente. On la mange avec des cuilleres de bois qui ont trois ou quatre pieds de diamêtre. Veut-on du pain ? A l'inftant la farine ou de maïs, ou de bled, ou d'avoine, eft détrempée avec de l'eau de gave, bafe éternelle de tous les ragoûts. On nétoie bien vîte le foyer, le gachis eft étendu fur l'âtre, puis recouvert par les cendres, & les charbons de la cheminée. Dix minutes après le pain eft cuit ; on le dévore ; il eft délicieux. Je ne finirois de la journée, fi je voulois vous raconter toutes les dégoûtantes mal-propretés dont je fus ici le témoin, à la pâle lueur de quelques morceaux de bois de fapin, enfoncés dans la muraille, & qui brûloient en guife de flambeaux.

A dix heures du foir , cette fcehe dure
encore. On m'offre du pain dont je ne puis
manger , du vin dont je ne puis boire ,
du fromage dont je ne puis foutenir l'o-
deur ; lorfque mon hôte vient m'avertir ,
que le lit qu'il me deftine ; eft enfin préparé. Je paffe , je jette un coup-d'œil hors
de la cabanne. Comment vous peindrai-je
la trifteffe du ciel ? Les brouillards def-
cendus dans le vallon, l'occupoient dans
toute fon étendue ; & la lune , qui devoit
alors éclairer le refte du monde , ne pa-
roiffoit à travers les brouillards de Héas ,
que pour montrer leur exiftence. C'étoient ,
je me le figure , à peu de chofe près ; les
ténébres vifibles de Milton (1). Ces vapeurs moitié fombres , moitié tranfparentes ,
ces lugubres montagnes , ces eaux mortes
& immobiles du lac , cette chapelle ifolée ,

---

(1) No light , but rather darknefs vifible,
Served only to difcover fights ofvoe ,
Regions of forrow ! doteful shades !
Paradife loft , Book 1. verfe 63.

tout

tout jufqu'au filence abfolu qui régnoit aux environs, tout follicitoit le recueillement ; infpiroit des idées funêbres, & portoit dans l'ame une forte d'effroi. J'avoue, mes chers amis, que frappé malgré moi, de cette folitude profonde, je penfai que le plus grand miracle que Notre-Dame de Héas eut encore fait peut-être, étoit de m'avoir à fa cour ; j'avoue que croyant me dérober au néant dans lequel je me voyois plongé, je regagnai ma chaumiere avec un faififfe- ment, & des impreffions de terreur diffi- ciles à définir : émotions néanmoins bien naturelles, & dont j'aime à me perfuader que vous reconnoîtrez le pouvoir, foit en vous jugeant fufceptibles de les éprouver, foit en vous rappellant de les avoir éprou- vées.

Cependant la plus grande partie des Mon- tagnards s'étoit retirée dans les granges voi- fines. Quelques-uns, les plus dévots fans dou- te, s'étoient logés dans la chapelle. Il ne reftoit qu'une quarantaine de perfonnes fur le pavé du taudis où je devois paffer la nuit. Je venois de me coucher pour la forme,

enveloppé dans mon manteau, lorſqu'il ar-
riva chez mon hôte une outre de vin d'Eſpagne. Une outre de vin à Héas ! Auſſi-tôt
la joie éclate , ſe répand dans la cabane ;
tout le monde ſe félicite , tout le monde
eſt éveillé , même dans la chapelle, & dans
les granges voiſines. On s'avertit mutuellement , on accourt de tous côtés, & l'outre
eſt dépoſée ſous la cheminée de ma chambre. A l'inſtant , ſoit par haſard , ſoit par
malice , la malheureuſe outre reçoit une
bleſſure , & le vin coule à grands flots.
Bruyant débat entre les maîtres de l'outre ,
& ceux qui lui ont porté le coup mortel.
Cris, plaintes d'une part ; murmures, mau-
vaiſes raiſons de l'autre ; bientôt injures &
menaces réciproques. La cabane étoit pleine
de carabines & de piſtolets ; car preſque
tous les pélerins de Héas ſont armés comme des pandours. Je crus qu'ils alloient s'é-
gorger ; je me préparois ſérieuſement à
abandonner le champ de bataille aux parties belligérantes , lorſque les bonnes têtes
s'en mêlerent , & pour ramener la paix ,
décidérent qu'il falloit boire. Cette réſolu-

tion annoncée par un cri de joie, ne pouvoit trop tôt s'effectuer au gré de ceux qui
l'avoient prife. Sur ce, l'on boit, l'on re-
boit, l'on boit toute la nuit ; & le crépuf-
cule blanchiffoit déjà les fommets d'alen-
tour, que l'on buvoit encore. Je dévorois
du coin de l'œil cette fcene bachique. Les
manieres, les figures des acteurs, rien ne
m'échappoit ; fi ce n'eft leurs propos, que
j'étois par fois obligé d'interprêter, faute
d'entendre fuffifamment leur langage. J'avois
laiffé le *Siftema vegetabilium* de Linné fur
une table près de mon lit. Ce livre fut l'objet de la curiofité générale : il fut ouvert,
feuilleté, parcouru mille fois des yeux,
avec le rire ftupide, l'étonnement & le
mépris qui caractérifent fi bien le dernier
degré de l'ignorance imbécille. Ah ! qu'a-
lors je defirois un compagnon de fortune !
combien nous aurions fait d'excellentes remarques ! combien nous nous ferions amu-
fés de ces grotefques tableaux !

Mais il eft cinq heures du matin, on fe
rend à la chapelle, on dit la meffe ; j'y
cours. Quel tumulte ! Là, prefque fans ex-

ception, perſonne n'entend ni le Latin, ni le François ; perſonne ne ſait ſon catéchiſme ; perſonne peut-être ne croît en Dieu ; & tout le monde ſe précipite en foule à l'autel pour communier , & un Capelan armé d'un gros bâton repouſſe les fideles aſſaillans, & il les frappe bien fort en jurant dans l'égliſe , pour y maintenir le bon ordre qui édifie le prochain.

Cette grande ferveur éteinte , & la meſſe achevée ; je parcours un peu le vallon. Il eſt, comme je l'ai déja dit, terminé vers l'Eſt ; par une très-haute montagne revêtue de neige, & où j'ai obſervé grand nombre de petits glaciers. Du côté du Sud, dans un enfoncement, on voit deux ou trois pics , s'élever en aiguilles. Au nord , ce ſont des ſommets contigus, arides & chauves ; comme tous ceux de ce ſolitaire vallon, ils n'offrent à l'œil aucun atôme de verdure. L'unique plante remarquable que j'ai cueillie à Héas, c'eſt l'*Aconitum Anthora* troiſieme eſpece d'aconit que j'ai trouvé dans les Pyrénées.

Mais quittons ce lieu déſolé. M. Mereére

mon protecteur , part pour Gavarnies. Je vais l'accompagner à travers les hautes montagnes qui féparent Héas de ce dernier diftrict.

Quelle route , grands Dieux ! Mais que dis-je ? Il n'y a point de route ici : le voyageur monte , defcend , traverfe les prairies & les gaves , fans chemins, fans traces , fans autre renfeignement ; que la pofition refpective du lieu d'où il vient , & du lieu où il va. M. Pafumot , M. Dufaulx, & vous curieux, amateurs, ou promeneurs de Baréges , je commence à vous féliciter de n'être point du voyage. Ne croyez point cependant que je forme le moindre regret de l'avoir entrepris ; les montagnards & les montagnes me feront plus connus déformais, que je n'aurois pû me flatter de les connoître ; dans cinq cents de nos courfes ordinaires. Mais revenons, & partons de Héas. Je repaffe fur l'effroyable cahos , avant de gravir les hauteurs qui font à notre gauche, & que nous devons traverfer. Le vicaire parle. — Monfieur ce bloc énorme de granit que vous

(150)

mefurez, (1) fe nomme *le caillaou de
la raillé*. (Lecteur, vous le favez depuis
hier), la tradition du pays nous enfeigne
que la Sainte Vierge, maintenant domi-
ciliée dans la chapelle de Héas, apparut
d'abord fur ce rocher. Je ne crois pas un
mot de cette hiftoire ; mais vous voyez
avec quel zele, & quelle témérité, ces
gens grimpent au fommet de la pierre immenfe, & cherchent avec des marteaux,
avec des cailloux, à en détacher quelques
fragmens qu'ils emportent & diftribuent
comme des reliques ; c'eft en mémoire de
l'événement que je viens de raconter. En
effet, la roche étoit couverte de pélerins frappant comme des cyclopes. Un plus
grand nombre encore étoit agenouillé aux
environs de cette roche, tourné vers l'Eft,
chantant des litanies ou quelques autres
prieres ; & tous ceux qui paffoient fuccef-
fivement en ce lieu, fe profternoient de

______

(1) à peu près quarré, il a fi je m'en fouviens
bien, quarante & quelques pieds fur chaque
face.

même : auffi-tôt à genoux qu'arrivés, ils commençoient en chœur leurs hymnes d'actions de graces. Tels étoient les derniers hommages que ces bonnes gens rendoient à la chapelle qu'ils alloient perdre de vue. De pareils chants d'adieux retentiffoient de toutes parts dans le *facré vallon*. Ces chants qui retraçoient l'image du culte primitif, répétés par les échos des rochers folitaires, rendus plus impofans fans doute, par le lieu de la fcene; par le fpectacle du jour naiffant, ne laiffoient pas, je vous jure, de porter dans l'ame une certaine émotion attendriffante & religieufe, dont je me fentis pénétré jufqu'au point d'en avoir les yeux baignés de larmes. Continuons l'hiftoire de la chapelle, me dit le vicaire, qui ne voyoit rien, qui ne fentoit rien. Avec plaifir, lui répondis-je, & je le fuivois de roche en roche fur le formidable cahos; pour gagner la montagne, d'où fe précipitent les gaves dont nous avons déja parlé. La chapelle de Héas, telle qu'elle eft, ajouta le vicaire, fut bâtie par trois mâçons; ces trois mâçons étoient chaque jour vifités,

à leur attelier, par trois chêvres, qui fui-
vies de leurs trois chevreaux, venoient nour-
rir ces trois ouvriers de leur lait. Au bout
de trois mois, l'édifice étoit presque achevé,
lorsque les trois mâçons, sans doute en-
nuyés de lait de chêvres, firent la partie de
manger, à la premiere occasion, l'un des
chevreaux qui toujours accompagnoient leurs
meres. mais les chêvres entendirent le com-
plôt, & bien avisées ne reparurent plus ;
de sorte que les mâçons privés de leur se-
cours, furent nourris par les habitans des
montagnes voisines. Ainsi, lui dis-je, dans
la construction de votre chapelle, la sainte
vierge y fut pour le lait de ses chêvres,
les mâçons pour leur tems & leurs ma-
tériaux, les habitans pour le supplément de
nourriture de ces ouvriers goulus, & l'édifice se construisit à frais communs : les
prêtres vinrent ensuite, & n'ayant rien
fourni, profiterent de tout : c'est dans l'ordre. Le vicaire sourit, & la conversation
tomba.

Mais le cahos est déjà derriere nous. Mon
conducteur & moi, montons en traînant

nos chevaux par la bride. Ce pont formé avec des pierres entassées au hasard, & que vous avez passé , reprit bientôt le vicaire géographe, se nomme le pont des *Usclats*. Maintenant cette pente rapide s'appelle le *Passet des Glouriettes*. Elle est rude cette montée ; mais elle n'est pas longue..... Enfin nous y voilà. Je respire sur une plaine haute. Le terrein couvert de gazon y présente un plan incliné. Les deux gaves parallelles , dont nous avons déja parlé deux fois, y roulent sans murmure, avec une grande rapidité , sur un lit de granit vif, que la transparence de leurs eaux laisse voir comme à travers d'une glace bien pure. J'ai dit que ces gaves couloient ; mais ce n'est pas donner l'idée de l'égalité d'accélération , de l'apparente tranquillité qu'offre la masse totale de leurs eaux. Je dois dire plutôt qu'ils glissent sans ondulation dans leur lit de granit , & vont ensuite d'un seul trait , d'un seul mouvement, se précipiter dans la vallée. Environné de cîmes très-élevées , la plupart couvertes de neige , je vois ici le granit en place , & le schiste éboulé , phéno-

mene qui contrarie toutes les obſervations
de ce genre que nous avons faites dáns ces
montagnes. Je n'oſerois aſſurer ſans doute
qu'il en ſoit de même ſur tous les ſommets
voiſins ; mais je puis certifier que j'ai vu
au deſſus du *Paſſet des Glouriettes* , le granit exiſtant en place ; c'eſt une choſe poſi-
tive , & ſur laquelle je ne crains point d'ê-
tre contredit. Sans aller recourir à d'autres
preuves, le lit des gaves jumeaux démontre
aſſez que cette ſubſtance primordiale eſt ici
dans toute ſon intégrité. D'après cette remarque , il ſeroit poſſible que dans les Pyrénées les cîmes de la premiere hauteur ,
(telles ſont celles où je me trouve actuellement) , fuſſent différentes à cet égard de celles que nous nommons moyennes , comme
celles de Cauteretz & de Barége. Si l'on
ne peut le décider affirmativement , toujours eſt-il vrai que dans les moyennes Pyrénées nous avons vu conſtamment le granit
détaché des ſommets , ſuſpendu ſur le flanc
des montagnes , ou roulé dans les gaves ,
& que le pic du midi , la plus haute de
cette claſſe , préſente le même phénomene ,

tandis que le granit, encore intact, occupe
ici le sommet, & que le schiste argilleux
qui le soutient, n'est au plus que dans un
état de dégradation manifeste (1). Messieurs
les naturalistes, voilà pour vous. Voici pour
nous maintenant; c'est-à-dire, pour les sim-
ples curieux, pour les amateurs, & pour
vous, Mesdames. Donnez, je vous prie,
un coup-d'œil à notre petite caravanne. Le
vicaire passe le premier, monté sur son cheval ; je défile ensuite monté sur le mien ;
mon guide qui ne jouit plus de ce titre,
marche après moi, chargé des plantes &
des cailloux, que de tems en tems je lui
fais recueillir sur la route. Dans cet ordre

---

(1) Lorsque le schiste qui sert de base au granit, sera totalement éboulé, ou qu'il le sera du
moins dans sa plus grande partie, alors le granit
s'écroulera, & ces montagnes se trouveront dans
le même état où sont aujourd'hui celles dont
nous avons parlé ; mais comment celles-ci, plus
basses que les premieres, sont-elles plus dégra-
dées, pourquoi leur décrépitude semble-t-elle
plus rapide ? C'est peut-être parce que les neiges
occupent moins long-tems leurs sommets.

nous traverſons les gaves à l'endroit nommé le *Clouſet*, & nous entrons dans la prairie appellée *Las Coumes dé Gargantan*. A gauche vous avez la montagne où ces gaves prennent leur ſource , connue ſous le nom de *Sṭaougné* ou de *Pinéde*. Dans cette montagne on trouve un chemin qui conduit en Eſpagne. Tournez-vous vers Héas, vous verrez un pic très-élevé , très-ſec, très-décharné , au pied duquel eſt encore cependant une petite plaine à deux cents toiſes au deſſus de nous. Çe pic ſe nomme *Agudes*, dans la partie où nous ſommes , & *Groute* vis-à-vis la chapelle de Héas. D'autres pics hériſſés de pointes & couverts de neige , s'élevent à nos yeux de toutes parts , mais principalement du côté de l'Eſpagne. C'eſt ici qu'on reconnoit bien viſiblement la diſpoſition des montagnes en amphithéatre , & qu'on compte pour ainſi dire les gradins dont elles ſont compoſées. La chapelle de Héas eſt ſituée dans un vallon déja fort élevée au-deſſus de Gêdres ; premier échellon. Nous marchons maintenant dans une plaine, qui vue de Héas, nous paroiſſoit le der-

nier fommet dé la montagne , ce qui formé
le fecond échellon à plus de mille toifes de
hauteur ; cependant d'autres plaines fort au-
deffus de nous , font encore furmontées par
d'autres fommets qui fe dominent & fe
dérobent mutuellement aux yeux du voyageur , l'efprit s'égare dans la confidération
d'une telle immenfité ; il fe perd , il s'épui-
fe dans l'obfervation de ces hautes maffes ,
dont il n'embraffe jamais tous les détails ,
ni toute l'étendue. Au milieu de tant d'objets
nouveaux , & que je ne faurois décrire , je
dois me borner à défigner feulement la
route que j'ai fuivie. Je pénêtre donc fous
les aufpices de mon vicaire, dans *las Coumes
dé Cargantan.* C'eft une prairie immenfe ,
où d'immenfes troupeaux efpagnols paiffent
tranquillement, furveillés par quelques chiens
couchés auprès de leurs maîtres : ces maîtres , pour la plupart , étendus devant leurs
cabanes, me femblent endormis. Le vicaire,
difcoureur , fait monter les têtes des beftiaux qui couvrent la prairie, au nombre de
20,000 ; mais ces beftiaux me femblent innombrables. Pourquoi nos François n'ont-

ils pas la même induſtrie ? pourquoi ne mettent-t-ils pas à profit, comme les Eſpagnols, les vaſtes pâturages de leurs montagnes, qu'ils laiſſent en non-valeur, ou qu'ils afferment aux étrangers ? nous dépaſſons les troupeaux. Le terrain devient plus eſcarpé, plus ſtérile : en marchant nous cauſons. Le vicaire me raconte que la dévotion de Héas terminée, on ne voit plus perſonne aux environs, à la réſerve de quelques miſérables bergers qui gêlent dans leur chaumieres, enſevelies ſous la neige. Il ajoute, pour me faire entendre à quel point cette Notre-Dame eſt abandonnée, après ſa fête de l'Aſſomption, il ajoute, que s'étant par fois rendu en ce lieu vers le mois de Septembre ou d'Octobre pour y célébrer, au riſque de périr en route, quelque meſſe de commande, il avoit ſouvent vu en ſe tournant vers ſon clerc, des Iſards, des loups & des ours, ſur la porte de la chapelle. Quel pays ! que notre imagination même ne s'y arrête pas ; il vaut mieux encore revenir où nous ſommes.

Deux fontaines ; *la Hont Blanqua*, &

la *Borde de Marque*, arrofent ces hauteurs.
Il faifoit un froid glacial, & nous marchions enveloppés de nos manteaux : le
guide que j'avois mené de Barége, ayant
voulu monter à cheval, fut obligé de mettre
pied à terre.

Cependant nous avançons, conduits par
notre vicaire, qui connoit parfaitement tous
les détours de ces froides & défertes régions.
Bientôt nous nous trouvons à peu-près au-
deffus de Gêdres, fur les fommets fecondaires qui dominent ce village. Nous parcourons d'un feul coup-d'œil toute la vallée
jufqu'à Luz, & depuis Luz jufqu'au territoire de Pierre-Fitte. Admirable perfpective ! mais il gêle ; marchons. Tournant à
gauche nous paffons *la Hont des Hontas*,
près de laquelle on voit quelques cabanes
ifolées. De nouvelles montagnes plus élevées
que les premieres fe préfentent à découvert.
Offoua fur notre droite ; derriere *Offoua*,
une autre montagne dont le fommet tout
blanc, fe perd abfolument dans le ciel. Cette
derniere, d'une élévation prodigieufe, &
telle que je n'en avois pas l'idée, eft fans

doute celle de *Vignemalle*, à laquelle on donne 1871 toises de hauteur, & qu'on place à peu-près dans la partie où celle-ci fait admirer sa cîme au-dessus des nuages. Mais ce qui m'attachoit le plus dans cette nouvelle chaîne de montagnes qui se développoit à mes yeux, c'étoit d'y reconnoître bien positivement des glaciers semblables à ceux de la Savoye. Il est impossible de s'y méprendre. Ces glaciers, que depuis peu de tems on soupçonne dans les Pyrénées, & qui existent cependant ainsi que dans les Alpes, sont ici trop remarquables pour être méconnus. La neige convertie par les siecles en glace azurée, en glace pour ainsi dire pétrifiée, & qui ne fondra jamais ; une couverture éclatante de neige par dessus, tels sont les caracteres d'après lesquels on reconnoîtra les glaciers, par-tout où le même degré de froid leur permettra de se former de l'un à l'autre pôle. Dans le nombre de ceux que j'ai remarqués aujourd'hui, on donnera sans doute une attention particuliere, ainsi que je l'ai fait moi-même, au plus considérable de tous.

Situé

Situé entre deux montagnes en pyramide
très-élevées, il remplit prefqu'en entier l'in-
tervalle qui les fépare. Ces montagnes font
au Sud de Gavarnies ; nous les voyons en
face. Elles furent perdues pour nous, ces
montagnes, le 17 du mois dernier, lorfqu'enfoncés dans la vallée, nous ne voyons
au-deffus de nos têtes que les fommets fecondaires fur lefquels je marche aujourd'hui,
& qui nous déroboient la vue des glaciers,
ainfi que les cîmes que j'apperçois, dont
je n'avois nulle connoiffance. Marchant toujours fur les hauteurs qui dominent le chemin de Gêdres à Gavarnies, & le cahos de
ce nom, nous obfervâmes dans un large
ravin, apparemment fupérieur à l'une des lavanches dont M. Dufaulx décrit les ravages
avec tant d'énergie : nous obfervâmes au-
deffous de nous une forêt de fapins renverfée
dans fa totalité, fans doute, par quelqu'une
des violentes tempêtes qui boulverfent cette
vallée. Abbatus, couchés fur le même côté,
dépouillés de leur écorce, defféchés par les
météores, ces arbres blanchiffoient de leurs
offemens inutiles, le lieu qui les avoit vu

L

naître & périr. A quelque diſtance de ce terrible monument de la fureur des orages, nous commençâmes à deſcendre la montagne de *Cromelin* ; c'eſt ainſi que l'on nomme la partie où nous étions alors. Nous prîmes d'abord par un petit ſentier fort rapide, appellé le chemin de *Reſquiou* ; enſuite par celui de *Plagno*, nous gagnâmes la trace de la derniere lavanche qu'on rencontre en allant de Gêdres à Gavarnies. Imaginez une route preſque toujours horriblement eſcarpée, embarraſſée de rochers, d'arbres renverſés, pleine de précipices creuſés dans le ſol en formes de vaſtes ſillons, & s'il eſt poſſible, jugez la fatigue que nous dûmes éprouver pendant une deſcente qui dura cinq quarts d'heure, en conduiſant nos chevaux par la bride à travers tant d'obſtacles & de difficultés. Enfin, après bien des ſueurs, bien des peines, nous voilà parvenus ſur le chemin de Gavarnies ; dans vingt minutes nous ſommes arrivés au village. Le vicaire va chanter ſa meſſe, & je vais me répoſer au cabaret. Voulez-vous du pain ? oui ; du vin d'Eſpagne ? oui ; du

beurre ? oui ; des fraises ? ah mon dieu oui
donnez moi ce qu'il vous plaira. Je mangerai de tout ; même je mangerai tout ,
tant je suis affamé graces au jeûne de Notre-
Dame de Héas ; graces à la promenade que
je viens de faire en traversant la montagne.
On me sert sur le coin de la table , & je
mange pendant une heure. Mais la messe
n'est pas achevée ; je vais faire un tour à
l'Eglise , & me félicite d'y avoir été. C'est
une grand'messe que l'on chante , ce sont
des paysans qui la chantent , & qui la chantent parfaitement. Je dis parfaitement dans
toute la force & l'étendue de l'expression.
Jamais dans les chœurs de nos cathédrales
les voix ne sont ni plus justes , ni ne se
font entendre avec plus d'ensemble , avec
un accord plus soutenu , avec une mélodie
plus religieuse & plus touchante. Pendant
le *Credo* tous les fideles baiserent dévôtement une petite statue de la Vierge , à la
baluftrade du Sanctuaire. La plus part des
hommes portoient le manteau espagnol ,
ou tout au moins la Cape du Béarn ; presque
toutes les femmes avoient aussi sur leurs

habits un manteau pareil à celui de la jeune fille d'Afté (1) , & faifant brûler devant elles le pain de cire jaune fur le tombeau de leurs parens. Ainfi cet ufage pieux , que je croyois d'abord particulier à la vallée de Campan , eft au moins général dans cette partie des Pyrénées (2) ; au refte , l'églife

————————————

(1) Saturine Jacou. Voyez page 116.

(2) Il s'obferve auffi en Efpagne , ainfi que j'ai eu occafion de le voir depuis la rédaction de ce journal , dans la relation de Jofeph Barreti , que j'ai déja citée. Comme cet Italien a publié fon voyage en Anglois , & que je ne fache point que ce voyage ait été traduit , je vais extraire le paffage dont il s'agit , & le rapporter en notre langue.

Nous nous arrêtâmes , dit Barreti , un inftant à Naval-Moral (*) pour nous repofer , & faire rafraîchir nos chevaux. Pendant que nos conducteurs (*Calefferos*) mangeoient , j'allois vifiter une églife fituée près de l'auberge. On y chantoit une grand'meffe avec l'accompagnement d'un or-

(*) *Naval Moral* eft un bourg fitué dans les montagnes de l'*Eftramadure* Efpagnole.

eſt diſpoſée comme celle de Gêdres, & fort ſombre ; il y regne une galerie dans l'intérieur où ſe placent les hommes : les femmes ſeules occupent le bas de la nef. J'y ai vu des têtes de morts fort anciennes, conſervées ſur les poutres , en face de la porte. On dit que ce ſont celles de pluſieurs templiers tués par les Mores quand ils étoient

---

gue dont les tuyaux au lieu d'être dirigés vers le haut , comme ceux de tous les orgues que j'ai vus juſqu'ici , étoient inclinés en dehors , ſembloient ſuſpendus ſur la tête des aſſiſtans , & préſentoient dans un ſens inverſe leurs extrêmités évaſées , comme celles des trompettes. Un moine touchoit cet orgue avec une habileté ſurprenante. Etonné de voir dans l'égliſe pluſieurs femmes aſſiſes ſur leurs talons , qui totalement enveloppées d'amples manteaux noirs , avoient allumé , chacune devant elles une ſuite de petites bougies , & n'ayant pû m'empêcher de demander la raiſon d'un ſemblable appareil , on me répondit que ces femmes étoient veuves , & faiſoient ainſi brûler ces cierges dans l'intention d'abréger à leurs maris défunts , les épreuves du purgatoire. J'ignore ſi la quantité de ces petites bougies in-

maîtres de l'Eſpagne. Il eſt certain que
Gavarnies appartenoit jadis aux templiers :
mais ſont - ce bien des têtes de templiers
qu'on y voit de nos jours ? il eſt aſſez difficile de décider ce fait hiſtorique , fort
ennuyeux de le diſcuter , & ſur - tout très-
indiférent de l'approfondir. Au ſurplus , la
cataraĉte , l'admirable cataraĉte , paroît tou-

---

diquoient exaĉtement la quantité des maris en-
terrés : quelques-unes de ces veuves n'avoient
qu'un ou deux cierges en perſpeĉtive ; quelqu'autres en avoient juſqu'à ſept ; peut - être le
nombre plus ou moins grand des cierges ou
bougies allumées , marquoit-il ſeulement le degré
plus ou moins grand de leur dévotion ou de
leur affliĉtion reſpeĉtive. A Journey From to
genoa , &c. Joſeph Barreti. Vol. 11. let. 46.
pag. 75.

J'ajouterai aux conjeĉtures de Barreti , tou-
chant ces cierges , que leur uſage ou leur deſti-
nation , pourroient bien n'être pas toujours tellement affeĉté au repos de l'ame des maris , que
leur nombre ne fut quelque fois relatif à celui
des parens que ces femmes pouvoient avoir per-
dus pendant le cours de leur vie.

jours dans fa premiere majefté. Je viens
de jouir fans doute au milieu de ces montagnes de fpectacles rares & étonnans. Environné de fcenes pittorefques, de maffes
audacieufes, j'ai dû parcourir une fuite de
tableaux peints à grands traits, dans le ftyle
le plus fublime & le plus impofant ; mais
quelles que foient la richeffe de ces perfpectives, la nouveauté de ces objets, la
variété des accidens qui doivent réfulter de
leurs oppofitions, de leurs rapprochemens,
de leurs proportions, la merveilleufe cataracte eft toujours à mes yeux, la plus belle
des belles chofes que j'ai vue fur le théatre
de la nature. La neige s'eft cependant beaucoup éloignée de la bafe des rochers qui
forment l'enceinte demi - circulaire que j'ai
déja décrite dans mon premier voyage,
en forte qu'il eft très-aifé maintenant d'approcher la cataracte jufqu'au point où le
brouillard qu'elle produit dans fa chûte,
inonde, aveugle l'obfervateur, & que noyé
pour ainfi dire dans la cataracte même, il
ne fauroit l'appercevoir. Comment fe perfuader, en la voyant fi confidérable, qu'elle

fe précipite néanmoins à près de deux lieues
de la place que j'occupe ! je dis toujours,
je dis fans ceffe, quel immenfe volume d'eau,
puifqu'il offre des dimenfions fi extraordinaires à une pareille diftance ! mais éloignons-
nous, arrachons-nous, s'il eft poffible, à
la vue de ce fleuve qui femble tomber des
nuages, au fpectacle magnifique des accef-
foires qui l'accompagnent, & qui contri-
buent avec lui à nous enchaîner dans ce féjour, par la furprife & par l'admiration ?
Adieu cataracte ; adieu vafte amphithéatre ;
adieu fuperbes tours de *Marboré*, je vous
quitte aujourd'hui pour ne vous revoir, fans
doute, de la vie.

Je reviens enfin fur mes pas ; je reprends
la route de Barége. En traverfant le *Cahos*,
toujours même faififfement, mêmes ter-
reurs fecrétes ; en revoyant la *Grotte* de
Gédres, toujours même intérêt ; en repaf-
fant le pont de *Cir* & la corniche de l'*E-
chelle*, toujours mêmes émotions, mêmes
réflexions, mêmes idées, mêmes plaifirs ;
des lieux fi romantiques ne perdent jamais
leurs droits fur le cœur de l'homme fenfible ;

les revit-il mille & mille fois, ils lui paroîtront toujours nouveaux & toujours dignes d'être revus encore. Mais je fuis vis-à-vis de S. Sauveur, je fuis hors de la magique vallée de Gavarnies ; je fuis à Luz. J'entends la fonnerie de l'églife paroiffiale. Voilà des cloches beaucoup plus belles que je ne l'aurois cru pour une auffi petite ville. De gentilles Citadines paffent à l'iftant & me font oublier les cloches. Elles portent un long voile blanc à l'efpagnole ; ce voile d'un tiffu très-fin, flote avec grace ; il accompagne merveilleufement la démarche aifée de ces jeunes perfonnes, il fait reffortir la légereté de leur taille, & par fa tranfparence releve l'éclat de leur teint. De pareils objets, mes chers amis, font peu faits fans doute pour me rappeller notre infcription : ne m'en demandez donc pas des nouvelles ; lorfque je m'en fouvins, j'étois déja bien avant fur la route de Barége, où j'arrivai très-fatigué vers fix heures du foir.

Le 16, M. Pafumot m'a communiqué une découverte en minéralogie : découverte intéreffante, & qu'il a faite depuis quelques jours. C'eſt le *Liége de Montagne*, & le *Cuir Foſſile* des naturaliſtes, eſpeces, où variétés, d'Amiante, décrites par Linné ſous le nom d'*Amiantus Suber*, & d'*Amiantus caro Montana*, ſyſt. nat. tom. III, p. 56. Ces deux ſubſtances ſont rares, en conſéquence fort recherchées par les curieux. M. Paſumot les a trouvées, pour ainſi dire, aux portes de Barége : j'en ai pris des échantillons. Ceux de l'*Amiantus Suber*, que j'ai plus particuliérement examinés, ont beaucoup de rapports extérieurs avec le liége des boutiques ; mais au premier coup-d'œil ils reſſemblent encore davantage à des fragmens d'Aubier, *Alburnum*, à moitié décompoſés. Linné dit de cette eſpece d'Amiante, *particulæ ſœpius ſubmerguntur. Ante ſubmerſionem in aquâ, eam haurit cum ſtrepitu.* J'ai tenté de faire ſurnager le liége de montagne ; mais il faut que ſes parcelles ſoient bien petites & bien minces ſur-tout pour ſe ſoutenir au deſſus de l'eau ; encore finiſſent-elles toujours par s'enfoncer lorſqu'elles ſont imbibées. Quant au petit bruit, *ſtrepitu*, dont parle Linné, je ne l'ai diſtingué

qu'autant que les morceaux ont été submer-
gés. Ce bruit m'a paru pouvoir se comparer à celui d'une espece d'ébulition ou d'ef-
fervescence.

Ainsi graces à M. Pasumot, l'*Amiantus
Suber* & l'*Amiantus Caro Montana* sont
maintenant reconnus dans les Pyrénées.

Le 18 , M. Dupont, avocat à Luz, dont
le mérite & les talens ne sauroient être assez publiés, a remis à M. Dusaulx une notice qu'il a faite sur la topographie , les
coutumes, les usages , la culture de la vallée
de Barége. Cette notice est excellente. On
y voit sur-tout avec chagrin , combien les
étrangers qui fréquentent cette vallée dans
la saison des eaux, ont perverti les mœurs
de ses habitans , & leur ont transmis le poi-
son du luxe. J'ajouterai au mémoire de M.
Dupont , qui ne traite que de la vallée de
Barége , j'ajouterai seulement que la plupart
des anciens usages qui sont tombés en oubli
dans cette vallée , se sont conservés dans les
montagnes des environs ; que je les y ai vu
régner presque par-tout avec l'ancien costume
pour les hommes : larges culottes ; deux

gilets, dont le fupérieur eft le plus court; robe longue, efpece de toge antique; manteau pour les jours de fête ou de cérémonie.

On nous remit copie de l'honorable décrêt par lequel Meffieurs les magiftrats de Luz, ftipulant au nom de la vallée de Gavarnies, acceptent notre infcription pour le paffage de l'échelle.

Le 19, M. de Villeneuve & M. Dufaulx font partis. Je n'oublierai de ma vie les momens agréables dont je fuis redevable à leur complaifance, & l'inftruction que m'a procurée leur fociété. Puiffe le dernier furtout, avec lequel des rapports particuliers de goûts & d'occupations m'avoient plus intimement lié, voir quelque jour dans cet écrit l'expreffion de ma reconnoiffance, & puiffe-t-il fe rappeller avec autant de plaifir nos entretiens, nos promenades, nos courfes, que j'en trouve à tracer ici ce foible, mais fidele hommage des fentimens que je lui dois!

M. Pafumot me refte encore; mais bientôt, trop tôt fans doute, nous allons nous féparer auffi. Dans trois jours je vais partir pour revoir mes Dieux pénates ; dans cinq il abandonnera lui-même ces montagnes. Ainſi notre petite académie va ſe diſſoudre pour long-tems. Ah ! pour la vie ! jamais peut-être nous ne nous reverrons. Idée triſte, réflexion douloureuſe qui ſe préſente ſans ceſſe, qui mêle toujours ſon amertume à nos plus douces jouiſſances, & ſur laquelle il faut toujours gliſſer.

La matinée paroît belle. M. Paſumot & moi allons faire nos adieux aux montagnes, & leur rendre aujourd'hui notre dernier hommage. En conſéquence de ce projet, nous ſortons de Barége, munis de nos *ſpardilles*, de nos grands chapeaux, de nos bâtons ferrés, & ſous la conduite du guide Pontis, nous dirigeons notre marche vers le *pic de Liſſe*, vulgairement appellé la *Piquette*. Maître Pontis, qui a couru les montagnes voiſines avec M. de Lapeirouſe, nous entretient ſur la route de ce naturaliſte, & ſe vante du marteau dont il lui fit préſent. Ce marteau qui lui fut remis par des mains auſſi ſavantes, eſt, à la vérité, un titre aſſuré dans les ſiennes, pour

mériter la confiance de tous les minéralo-
giftes qui viendront déformais parcourir les
environs. Allons, maître Pontis, montrez-
nous la caverne d'où vous tirez l'*Amiante*;
celle où vous trouvez le *Cryftal de roche*;
celle d'où vous rapportez le *Schoerl violet*,
& l'autre cryftallifation quartreufe que vous
nommez le *Schoerl blanc ?* Meffieurs, dit-
il, nous commencerons par l'*Amiante*, &
nous y ferons bientôt. Voyez, en attendant,
cet efpace, ce creux dans la prairie. Eh
bien ! qu'eft-ce, M. Pontis ? — Meffieurs,
il y a eu jadis une cloche enfevelie dans cet
enfoncement, vous pouvez m'en croire. Le
diable, comme c'eft l'ufage pour tous les mé-
taux cachés fous la terre, vous pouvez m'en
croire, s'en eft emparé au bout de cent ans.
Vous pouvez m'en croire, un pafteur, il y
a quelques années, l'entendit fonner la nuit
de Noël dans l'intérieur de la montagne,
vous pouvez m'en croire. — Arrêtés par ce
merveilleux récit, nous defcendîmes dans
l'enfoncement indiqué. Nous y reconnûmes
vers le milieu une étendue de 12 à 15 pieds
de diamêtre, où la terre étoit humide &

mouvante. Nous jugeâmes que le baſſin actuellement deſſéché , offroit dans la ſaiſon
un réſervoir aux eaux de neige , & que ces
eaux s'écouloient enſuite dans la montagne
par le centre marécageux que nous avions
remarqué. A la vérité, cela n'eſt pas tout-
à-fait auſſi merveilleux qu'un diable qui ſonne
une cloche dans le ſein de la montagne ;
mais cependant pour peu *qu'on voulût m'en
croire* d'après cette obſervation , on ſeroit
perſuadé que les Pyrénées renferment des
excavations des conduits ſouterrains qui ,
dans certaines occaſions , recélent des eaux
courantes. M. Coſté venant avec nous de
Gavarnies, le 17 du mois dernier , & voyant
le grand nombre de torrens , de caſcades ,
de filets d'eau , qui tomboient de toutes parts
dans le gave *Béarnois* , ſans qu'il parut néanmoins que ſon volume augmentât en proportion de ces eaux additionnelles , eut l'idée
bien naturelle & bien juſte , que ce gave
devoit perdre à peu près autant d'eau par
des dérivations ſouterraines , qu'il pouvoit en
recevoir d'ailleurs dans ſon cours.

Plus je réfléchis à l'idée de M. Coſté ,

plus je la trouve vraifemblable. Mais que deviennent ces eaux fouterraines, me dira t-on peut-être ? Ce qu'elles deviennent, répondrai-je ? elles vont former au loin les ruiffeaux, les fources vives, qui fertilifent nos provinces; & voici comme je le conçois.

Je remarque d'abord que les montagnes primitives paroiffent dénuées de femblables excavations, à raifon de leur ftructure intérieure plus compacte, & plus folide : c'eft donc fur les plateaux inférieurs, fur les fommets fecondaires, que j'affieds mon opinion. Ces fommets, ou plateaux inférieurs, qu'on voit fur le flanc des plus hautes montagnes, doivent fans difficulté leur exiftence, aux éboulemens de ces montagnes principales, qui les dominent encore. Formés de débris, on ne difconviendra point qu'ils font de nature à être facilement pénétrés par l'eau des neiges ; c'eft un fait dont il n'eft pas poffible de douter, pour peu qu'on examine le fond des vallées. Or, je continue, & je dis ; que toute l'eau produite par la fonte des neiges, &

qui

qui filtre dans l'intérieur de ces débris accumulés, ne doit pas se rendre dans les
gaves; qu'une grande partie de ce produit
se rassemble sans doute dans le sein de la
montagne, & forme des torrens cachés ;
que ces torrens cachés communiquent presque par tout, avec ceux qui coulent dans
les vallées; & que, bien loin de fournir à
leur accroissement, ils reçoivent au contraire de la part de ces derniers, des aug-
mentations considérables. Il n'y a point
ici de supposition gratuite. Faites-vous une
idée de la perméabilité des montagnes secondaires, prouvée d'ailleurs aux yeux des
observateurs les moins exercés ; réfléchis-
sez que le lit des gaves s'éleve sans cesse ;
qu'ils coulent par conséquent toujours au-
dessus de la base des décombres qui consti-
tuent les montagnes secondaires; & voyez
d'après cela combien les torrens qui circu-
lent, ou se précipitent dans l'intérieur de
ces montagnes, doivent gagner aisément
des niveaux inférieurs à ceux des gaves.
Comment vous refuseriez-vous encore à
convenir de la chûte intérieure, & cachée

M

des eaux de neige ? Comment pourriez-vous n'être pas perfuadés de cette dériva-tion fouterraine foupçonnée par M. Cofté ; dérivation, que l'infpecteur des lieux, & des objets; me femble démontrer jufqu'à l'évidence.

Nous devons donc reconnoître ici ; n'eft-ce pas ? une filtration inconteftable dans le fein des montagnes fecondaires ; puis une déperdition manifefte de l'eau des gaves; enfin des réfervoirs, des lacs, des fleuves fouterrains, continuellement entre-tenus par ces filtrations, par ces déperdi-tions, & qui ne trouvent quelquefois des iffues que dans des pays très-éloignés. Telle eft certainement l'origine de nos fontaines.

Nous devons auffi foupçonner, qu'avant la formation de ces plateaux inférieurs, les rivieres qui découlent des Pyrénées, étoient plus confidérables; mais que la furface de la terre, dans les provinces voifines, n'é-toit point arrofée; par les ruiffeaux, par les fources qui la vivifient aujourd'hui. C'eft donc uniquement à la dégradation de ces montagnes, à l'exiftence des plateaux fe-

condaires, formés par les débris des sommets primitifs, que vous devez la fertilité,
les richefses de vos campagnes. Voilà qui
eft bien fimple, ce me femble, bien à la
portée de tout le monde : je le répéte peut-
être après mille autres qui ont dit mieux
que moi les mêmes chofes : cependant
je n'ajouterai pas *vous pouvez m'en croire :*
il n'y a que Me. Pontis, & très-peu de naturaliftes qui puiffent s'exprimer ainfi.

Quoiqu'il en foit, nous voilà parvenus
à la roche de *l'amiante*, & M. Pafumot
examine déja fon intérieur. Pour moi que
le même degré d'intérêt ne follicite pas,
je me contente de paroître à l'entrée de la
caverne, d'où l'on extrait les filets de cette
amiante, dans les fentes perpendiculaires
du fchifte argilleux. Plus haut, & bien plus
haut, font les grottes où Pontis va chercher
le *Cryftal*, & le *Schoerl*. Les brouillards
qui nous perfécutent, & l'affreux efcarpement de la montagne, nous empêchent de
les vifiter. Nous montons cependant jufqu'au
niveau de la caverne qui contient le *Cryftal* ;
Mais quelques pas qui nous reftoient à faire

pour l'aborder nous femblerent fi périlleux, & les brouillards étoient devenus fi épais que nous crûmes devoir renoncer par prudence au projet d'aller plus loin. Maître Pontis, qui fréquente fi fouvent cette montagne, qui eft plus connu de fes compatriotes fous le nom de l'*Homme de la Piquette*, que fous fon véritable nom, maître Pontis, que rien n'arrête, va, revient, & nous porte de la terre micacée, dans laquelle fe trouvent les cryftallifations quartreufes & qui remplit le fond de la caverne (1). Il m'offre enfuite d'aller ceuillir une Saxifrage fleurie dans un rocher fi vertical, & tellement inacceffible, que la propofition feule de ce Montagnard téméraire,

---

(1) Je crois que cette terre micacée eft plutôt un quartz friable décompofé, analogue à celui dont il eft parlé dans les notes fur les montagnes des Pyrénées, à la fuite du difcours de M. Darcet 73, & qui eft indiqué par l'auteur de cette note, comme détrempé dans l'eau, extrêmement doux au toucher, & réduit à l'état de poudre impalpable.

me fait friſſonner. Quelle audace ! un oiſeau même auroit de la peine à s'élever juſqu'à cette hauteur. Nul homme dans le monde, auquel je vouluſſe donner une commiſſion pareille, dût-il me procurer le genre entier des ſaxifrages ; dût-il me rapporter toutes les plantes de l'univers ! allons maître Pontis, abandonnons cette conquête ; montrez-nous la grotte d'où vous tirez le *Schoerl*. — Meſſieurs, il faut monter. Monter encore ! c'eſt bien fort. Cependant après avoir un inſtant réfléchi ſur le plaiſir qu'il y auroit de voir le *Schoerl* en place, nous nous mettons en train d'aller l'obſerver dans ſon domicile, & malgré le brouillard ; mais le ciel ne favoriſe pas notre intrépidité. Le brouillard maudit ſe change en pluie, en bonne & groſſe pluie. C'en eſt fait de la promenade, il faut deſcendre, il faut s'en revenir. Quelques toiſes plus bas une quantité prodigieuſe de bois d'*Airelle Myrtille*, m'arrête quelques minutes ; cependant la pluie redouble, il eſt eſſentiel de ne point s'amuſer en chemin, nous deſcendons avec promptitude l'eſpace d'une heure. Mais nous ſommes loin de Barége ; nous n'avons point dîné ; la pluie ſemble diminuer un peu. Déployons ici nos proviſions. Nous voilà juſtement ſur le bord d'un gave , profitons de la circonſtance : elle eſt favorable. Oui , dînons.

Pendant que nous ſommes à table , ſur un morceau de granit , ſans ſerviette, ſans fourchette , ſans aſſiette , le lecteur apprendra que la courſe que nous faiſons aujourd'hui n'eſt pas tellement minéralogique que le regne végétal y ſoit compté pour rien. Lorſque M. Paſumot examinoit ſa roche d'*Amiante* je parcourois les environs. Pluſieurs belles plantes ſe trouvent à peu de diſtance de cette roche , & un peu plus haut ſur la droite : le Sabot de Vénus , *Cypripedium Calceolus* ; l'Aſter des Alpes, *Aſter Alpinus* ; la Driade Octopetale , *Dryas Octopetala* ; l'Anémone des Alpes , *Anemone Alpina* ; la Bénoîte Traçante , *Geum Reptans* ; la Cotoniere Etoilée , *Filago Leontopodium* , & beaucoup d'autres. Cependant la pluie recommence, plions le couvert. Bon ſoir à l'homme *de la Pi-*

quette, & tâchons de gagner Barége avant la nuit. La déroute précipitée fut heureuse ; à fix heures & demi nous étions fecs & sûrs, déchauffés & déshabillés dans nos chambres.

Le 20, ma voiture arrive.

Le 21, j'emballe mes pierres, mes plantes ; je fais mes adieux, mes équipages.

Le 22, je pars . . . . . je pars eft bientôt dit. A voir la maniere lefte dont j'écris ce mot, ce mot qui femble tout-à-coup me rapprocher de vous, on devineroit aifément, mes chers amis, combien il me tardoit de l'écrire. Mais non, je ne pars point, malgré mon empreffement, je ne pars point encore ; eft - ce que les confuls de Luz ne font pas venus me prévenir hier qu'on faifoit aujourd'hui l'inauguration de notre infcription au paffage de l'échelle ? Eft-ce qu'ils n'ont pas eu l'honnêteté de me prier d'y affifter ? Eft-ce que je puis me difpenfer de me rendre à la cérémonie ? L'univers entier voit qu'en l'abfence de M. Dufaulx je dois ici, non moi indigne le repréfenter ; mais du moins paroître à fa place. D'ailleurs les circonftances feront du fujet de ce retardement, celui d'une petite fête, & cette fête ne prolongera mon départ que de deux heures tout au plus. Juſte ciel ! qu'ai-je dit, une petite fête ! Ah ! croyez qu'elle n'eſt pas ſi petite pour moi, puiſque M. de Lauriere & M. Paſumot ſont de la partie. Le premier va reconnoître l'inſcription à laquelle, en ſa qualité de commandant de Barége, il a bien voulu prendre quelque intérêt. Le ſecond oubliant la part qu'il peut réclamer dans l'ouvrage, & comme naturaliſte uſant de ſon droit de propriété ſur les Pyrénées, fait aujourd'hui les honneurs·de ces montagnes à l'étranger qui les a parcourues ſous ſes auſpices, au diſciple qu'il y inſtruiſit de ſes leçons. Il arrive, nous montons en voiture ; elle marche, nous ſommes à Luz. A Luz on s'arrête, on deſcend. J'y recueille en paſſant quelques Pyriſtes Cubiques trouvées dans une carriere des environs. Nous nous rendons enſuite au paſſage de l'échelle. M. de Lauriere y étoit déja avec le premier conſul La Fêche, & l'ouvrier qui grava l'inſcription. Elle eſt poſée. A quelques fautes d'orthographe près, le travail eſt aſſez bien exécuté : nous en sommes contens (1).

Un coup-d'œil à la mine de *Nikel* de *Riou mo* ; un coup de vin d'Espagne chez le bon Cavanions , duquel M. Dufaulx a célébré la demeure rustique , nous revenons à Luz. Le postillon jure qu'il est onze heures , il faut se séparer , il le faut absolument. Nous nous embrassons ; nous nous réitérons mille fois les sermens d'une amitié qui ne finira jamais , & sur la route de Pierre-Fitte nos adieux réciproques se croisent encore dans les airs , long - tems après qu'il ne nous est plus permis de nous entendre.

C'est ici, mes chers amis, que doit enfin se terminer la relation de mon voyage ; c'est ici que ma plume fatiguée se repose , & croit avoir acquitté près de vous tous les engagemens de mon cœur. Cette lettre , qui

-----

(1) L'inscription est gravée en lettres blanches sur un espece de schiste noir , dur & compact, auquel il ne manque qu'un degré de consistance & de finesse de plus, pour avoir tous les avantages & toute la dureté du marbre. C'est le *Schistus Tabularis* de Linné, Sist. Nat. 37.

và me dévancer , puiſſe-t-elle à la fois rem-
plir votre attente & la mienne ; puiſſe-t-elle
vous amuſer quelques inſtans , & devenir à vos
yeux le gage de ma fidélité , le témoignage
aſſuré de mon zele. Je reviendrai dans notre
commune patrie par une route que vous connoiſſez (1). Elle ne ſauroit à la vérité m'of-
frir des remarques bien importantes ; mais
le ſentiment juſtifie les moindres réflexions
qu'il ſuggére, il ennoblit les plus petits événemens qu'il raconte , il conſacre les plus
légeres obſervations que le haſard lui procure. Je continuerai donc cette derniere
partie de mon voyage ſur le plan que j'ai
ſuivi juſqu'à ce jour , & que vous m'avez
tracé : puiſque vous jouiſſez du droit de tout
exiger , n'eſt-il pas juſte auſſi que j'aie celui
de tout dire ? Ah ! ſi je ne puis me flatter
de mériter l'attention des naturaliſtes , que
rendu près de vous , j'eſpere du moins exciter votre intérêt , ſatisfaire votre curioſité ;
que j'oſe attendre de l'indulgente amitié la

----

(1) Par Mirande , Auch & Lectoure,

récompenfe des travaux que j'entrepris pour
elle, & le prix de mon amour-propre fa-
crifié. Je les trouverai ces dédommagemens
précieux, au milieu de votre fociété, dans
ces entretiens où l'intimité fe nourrit de la
confiance qu'elle infpire ; dans ces momens
privilégiés, où le cœur qui ne connoît point
de récit frivole, ni d'objet indifférent, ac-
cueille les moindres détails, & fait y puifer
quelquefois le plus doux charme de la vie.

Adieu, &c. &c.

F I N.

LE BOUQUET

DES PYRÉNÉES,

OU

CATALOGUE des Plantes obſervées dans ces Montagnes, pendant le mois de Juillet & d'Août de l'année 1788.

Diſpoſé ſelon le Syſtéme Sexuel.

DIANDRIE. CL. II.
MONOGYNIE.

I. CIRCÉE MAJEURE.

La Marck , ſt. fr.

CIRCÆA *Lutetiana.* Linné, ſyſt. vég.

lieu. Vallée de Campan , & notamment dans l'enclos des capucins de Médons , près Bagnéres.

Oſervation. Circée Pubeſcente. Encyclopédie Méthodique.

N

2. VÉRONIQUE A ÉPI.
VERONICA fpicata.

lieu. Plateaux, ou fommets fecondaires.

3. VÉRONIQUE BELLIDIFORME.
VERONICA bellioides.

lieu. plateaux fecondaires.

4. VÉRONIQUE DES ALPES.
VERONICA alpina.

lieu. Sommet du Tourmalet , à l'extrêmité fupérieure de la vallée de Baftan ,
ou de Barége.

5. GRATIOLE OFFICINALE.
GRATIOLA officinalis.

lieu. Dans les endroits humides des
plateaux inférieurs & des vallées.

6. GRASSETE VULGAIRE.
PINGUICULA vulgaris.

lieu. Endroits humides des environs de

Barége , & ailleurs dans les hautes montagnes.

TRIANDRIE. CL. III.
MONOGYNIE.

7. VALÉRIANE DIOIQUE
VALERIANA dioica,

lieu. fommets fecondaires.

8. VALÉRIANE TRIFIDE. Var.
VALERIANA tripteris. Var.

lieu. Plateaux inférieurs & fupérieurs.
Obfervation. Var. *Foliis caulinis indivifis.*

9. VALÉRIANE CELTIQUE.
VALERIANA celtica.

lieu. fommets fecondaires.

10. VALÉRIANE DES PYRÉNEES.
VALERIANA pyrenaïca.

lieu. fommets fecondaires.

1 1. IRIS BULBEUSE.

IRIS xiphium.

lieu. Déclivité méridionale du Tour-malet ; vallée de Baſtan , ou de Barêge.

Obſervation. Variété B. Xiphion cœruleo-vio-laces Tourn. inſt. Rei. Herb. 364. Iris bulboſa, anguſtifolia , violacea C. B. pin. 40. Iris bulboſa, violacea , pyrenaïca lob. A D V. Part. 2. 511. *Cette plante eſt omiſe dans la flore Françoiſe.*

DIGYNIE.

1 2. AGROSTIS CHEVELU

AGROSTIS capillaris.

lieu. Prairies des plateaux ſecondaires , & des vallées.

1 3. MÉLIQUE CILIÉE.

MELICA ciliata.

lieu. Plateaux inférieurs.

TÉTRANDRIE. cl. IV.
MONOGYNIE.

14. GLOBULAIRE CORDIFORME.
GLOBULARIA cordifolia.

lieu. Sur les rochers les plus arides des montagnes primitives.

15. GLOBULAIRE RAMPANTE.
GLOBULARIA repens.

lieu. Sur les rochers qu'on rencontre avant d'arriver à l'emphithéatre de Gavarnies & au-deſſous de la Pene de l'Heyris.

Obſervation. Cette plante nommée *Glob. repens* dans la flore Franc. & *Glob. nana* dans l'encyclopédie méthodique , n'eſt pas ſi naine que le prétend M. de la Marck. Je poſſéde des échantillons de cette Globulaire, dont la principale racine eſt de la groſſeur du petit doigt. Elle eſt déſignée dans Linné comme une variété de la Glob. cordiforme & nommée par Tournefort *Globularia alpina, minima origani folio.* Ins. R. H. 467. Le nom ſpécifique de *rampante* ne lui convient pas mieux que celui de *naine* , attendu que la Glob. cordif. ayant auſſi la tige rampante ; il n'eſt point excluſif, & peut occaſionner des mé⸗ priſes.

16. ASPÉRULE.

A S P E R U L A.

lieu. Sommets ſupérieurs.

Obſervation. Nov. ſpec. *affinis cum aſperula arvenſis.* Ce ne ſera, ſi l'on veut, qu'une va‑riété de l'Aſpérule des champs ; mais elle n'a point be braĉtées ou feuilles florales diſpoſées en collerettes, ſes feuilles plus étroites, ſont très aigues, & ſes plus grands individus n'atteignent jamais plus de deux pouces de hauteur.

17. CAILLELAIT NAIN. Enc. met.

G A L L I U M pumilum,

lieu. Montagnes primitives.

Obſervation. Cette plante différe du *Gallium Muſcoïdes,* par la dichotomie de ſes péduncules. Ces deux eſpeces de caillelait ne ſe trouvent ni dans Linné, ni dans la flore Françoiſe.

18. PIED - DE - LION Commun.

A L C H E M I L L A vulgaris.

lieu. Plateaux inférieurs dans les prairies.

19. PIED-DE-LION ARGENTÉ.

ALCHEMILLA argentea.

lieu. Dans les prés & les bois des plateaux inférieurs.

Observation. Le synonime de Tournefort cité dans la flore Franc. & qui se rapporte à celui de Bauch. pin. 326, dont Linné fait mention, m'apprend que le Pied-De-Lion argenté est *l'Alchimilla alpina* de ce dernier auteur. Pourquoi ne point le citer ?

TÉTRAGYNIE.

20. HOUX ÉPINEUX.

AQUIFOLIUM spinosum. L. M.

lieu. Plateaux inférieurs dans les bois.
Observation. *Ilex aquifolium.* Lin.

PENTANDRIE. CL. V.
MONOGYNIE.

21. MÊLINET MINEUR.

CERINTHE minor.

lieu. Montagne d'Arris.

22. VIPÉRINE ITALIQUE.

ECHIUM italicum.

lieu. Route de Touloufe à Lévignac.

23. ARÊTIE DES ALPES. Lin.

ARETIA Alpina.

lieu. Hauts fommets des Pyrénées.

Obfervation. Cette plante a très-certainement les fleurs jaunes & non bleuâtres ou violettes ; comme on le dit dans l'Ency. métho. Seroit-ce une efpece ou une variété nouvelle ? M. de la Marck a fondu ce genre dans celui des *Andro-faces.*

24. ANDROSACE VELUE.

ANDROSACE villofa.

lieu. Hauts fommets des Pyrénées.

25. ANDROSACE CARNÉE.

ANDROSACE carnea.

lieu. Hauts fommets des Pyrénées.

26. LISIMAQUE DES BOIS.

LYSIMACHIA nemorum.

lieu. Au-deſſus du Tourmalet, en allant de Barége vers Grip.

27. CAMPANULE GLOMERALÉE.

CAMPANULA glomerata.

lieu. Vallées des Pyrénées.

28. CAMPANULE EN ÉPI.

CAMPANULA ſpicata.

lieu. Route de Touloufe à Lévignac, dans les taillis.

29. CAMPANULE GRANDIFLORE.

CAMPANULA grandiflora. L. M.

lieu. Sous la voûte formée par la pene du l'Héyris, du côté du Midi.

Ofervation. Campanula medium, Lin. vulg. *Violette de Marianne.* Il y a cependant quelque différence dans mon échantillon ; la fleur eſt femblable à celle du *Campanula Medium* ; mais les feuilles & la tige font pareilles à celles du

Camp. Thirſoïdes Peut-être eſt-ce un effet de la privation d'air occaſionnée par l'eſpece de voûte ſous laquelle j'ai trouvé cette Campanule.

30. CAMPANULE LIGULAIRE.
CAMPANULA ligularis. L. M.

lieu. Montagne de l'Héyris.

Obſervation. Tige baſſe, preſque rampante ; uniflore. Ce qui me fait douter que ce ſoit la C. Ligularis de l'Encyclo. méth. , ou la ſCamp. uniflora de Linné, c'eſt que notre plante a quelquefois pluſieurs tiges & que ſa fleur eſt grande & belle. Les ſinus de ſon calice ſont réfléchis.

31. RAIPONCE HÉMISPHÉRIQUE.
PHYTEUMA hemiſpherica.

lieu. Prairies des plateaux inférieurs.

Obſervation. Rapunculus L. M. Cet auteur fixe l'élévation de ces plantes à 6 ou 7 pouces. Toutes celles que j'ai vues, avoient depuis un pied de haut , juſqu'à 15 pouces & davantage. En général, rien de ſi incertain que les caracteres tirés de la hauteur de la tige ; elle varie trop ſouvent par la nature du terrein, l'expoſition , & d'autres circonſtances particulieres ou accidentelles.

32. RAIPONCE ORBICULAIRE.

PHYTEUMA orbicularis.

lieu. Prairies des plateaux inférieurs.

33. CHEVRE - FEUILLE DES BUISSONS.

LONICERA xytofteum.

lieu. Bois des plateaux inférieurs & des vallées.

34. CHEVRE - FEUILLE DES PYRÊNÉES.

LONICERA Pyrenaïca.

lieu. Montagne de l'Héyris.

35. BOUILLON COTONNEUX.

VERBASCUM phylomoides.

lieu. Montagne de l'Héyris.

36. BOUILLON BORRAGINÉ.

VERBASCUM myconi.

lieu. Linné indique cette plante dans les bois des Pyrénées ; je l'ai trouvée dans la

vallée de Gavarnies, ſur les murs du cimetiere de l'égliſe de Gêdres, en fleur,
le 17 de Juillet.

Obſervation. Ce *verbaſcum* n'eſt point rapporté
dans la flore Françoiſe. Comme il n'a point encore de nom ſpécifique dans notre langue ; car
je n'imagine pas qu'on adopte aucun de ceux
qui lui ſont impoſés dans la traduction de Miller,
je le déſigne ici par le nom de *Borraginé ;* ſous
l'autorité des botaniſtes.

37. NERPRUN DES ALPES.
R H A M N U S Alpinus.

lieu. Montagne de l'Héyris.

38. NERPRUN BORDAINIER.
R H A M N U S frangula.

lieu. Montagne de l'Héyris.

39. GROSEILLIER DES ALPES.
R I B E S Alpinum.

lieu. Montagne de l'Héyris.
Obſervation. Groſeillier à fruit doux ; même
fade.

40. VIGNE VINIFERE. (fylveftre,)
VITIS vinifera.

lieu. Dans les halliers qui recouvrent la bafe des rochers fur le bord du gave Béarnois, en allant de Pierre-Fitte à Luz.

Obfervation. Vitis filveftris labrufca, Tourn. inft. rei her. 613.

41. PARONIQUE ARGENTÉE.
ILLECEBRUM parónychia.

Lieu. Plateaux fecondaires.

DIGYNIE.

42. ASCLÉPIADE BLANCHE.
ASCLEPIAS vincetoxicum.

lieu. Vallées, principalement celle de Gavarnies.

Obfervation. Vulg. *Dompte Venin.*

43. GENTIANE JAUNE.
GENTIANA lutea.

lieu. Plateaux fecondaires, particuliérement fur l'Héyris.

44. GENTIANE GRANDIFLORE.

GENTIANA acaulis.

lieu. Hautes Pyrénées, plateaux supérieurs.

Obſervation. J'adopte le nom ſpécifique de M. de la Marck ; attendu que cette belle plante eſt la ſeule de ſon genre à qui cette dénomination peut convenir , & qu'à la rigueur , elle n'eſt pas plus *acaule* que quelques autres de ſes congéneres.

45. GENTIANE DENTÉE.

GENTIANA verna.

lieu. Pic du Midi , Tourmalet , &c.
Obſervation. Var. Gentiana alpina , Pumila verna minor. Tourn. inſt. rei herb. 81.

46. GENTIANE PRÉCOCE.

GENTIANA nivalis.

lieu. Pic du Midi , Tourmalet , &c. hautes montagnes nivales.

47. GENTIANE AMARELLE.

GENTIANA amarella.

lieu. Plateaux inférieurs & ſupérieurs.

Obſervation. **A** fleurs blanches, & quelques individus à fleurs bleues ou violettes.

48. PANICAUT AMÉTHISTE.
ERYNGIUM amethiſteum.

lieu. Environs de Barége, & de la marbriere de Campan.

49. RADIAIRE MAJEURE.
ASTRANTIA major.

lieu. Pâturages des ſommets ſecondaires.

50. BUPLEVRE ÉTOILÉ.
BUPLEVRUM ſtellatum.

lieu. Montagne de l'Héyris.

51. BUPLEVRE FAUCILIER.
BUPLEVRUM falcatum.

lieu. Environs du village de Cers, près de Barége.

Obſervation. **A** *feuilles* en *faux.* Encyclopédie, meth.

52. BUPLEVRE RANONCULOIDE.

BUPLEVRUM angulofum. Lin.

lieu. Environs du village de Cers, près de Barége.

Obfervation. Var B, Buplevrum alpinum, anguftifolium, minus. Tourn. I. R. H. 310. M. de la Marck a rapporté cette variété du B. angulofum de Linné au B. Ranunculoïdes de l'Encyclopédie meth.

53. LIVÊCHE CAPILLACÉE.

ÆTUSA Meum.

lieu. Sommets fecondaires du pic de Leyrey, dans les bois.

Obfervation. Cette plante intéreffante par fon odeur agréable & par fes vertus médicinales eft un exemple, par les tranfports qu'elle a éprouvés d'un genre à l'autre, combien il regne encore d'incertitude dans la famille des ombelliféres. Elle conftitua d'abord un genre à part felon Tournefort inft. R. H. 312, fous le nom de *Meum.* Linné les réunit aux *Athamanta* dans fon *genera* & fon *fpecies plantarum*, & puis la plaça avec les *Ætufa* dans fon *fyftema veg.* ; enfin M. de la Marck l'a tranfportée parmi les *Liguf-ticum* ; y reftera-t-elle ?

TRYGINIE.

TRIGYNIE.

54. SUREAU A GRAPPE.
SAMBUCUS racemofa.

lieu. Dans les hauteurs au-deſſus de Grip, & près de Barége, vers l'Eſt en remontant la vallée.

TÉTRAGYNIE.

55. PARNASSIE DES MARAIS.
PARNASSIA paluſtris.

lieu. Plateaux, ou fommets inférieurs ; endrois humides.

PENTAGYNIE.

56. STATICE CAPITÉE.
STATICE armeria.

lieu. Dernier fommet du pic du Midi de Bigorre.

Obſervation. Gazon d'Olimpe.

O

57. ROSSOLIS A FEUILLES LONGUES.

D R O S E R A longi folia.

lieu. Pic de Leyrey , plateau inférieur.

Obfervation Les feuilles de cette plante fe re-plient fur les infectes qui viennent fucer l'hu-meur glutineufe dont elles font enduites. Il pa-roit que ce mouvement s'opere par un méca-nifme analogue à celui du *Dionea Mufcipula.* Voyez à cet égard les ingénieufes réflexions de M. Brouffonet dans le journ. de phys. mois de Mai 1787.

HEXANDRIE. CL. VI.,

MONOGYNIE.

58. AIL ROSE.

A L L I U M rofeum.

lieu. Le long du fentier qui conduit de Barége au village de Cers.

59. AIL A TÊTE RONDE.

A L L I U M fphærocephalum.

lieu. Le long du fentier qui conduit de Barége au village de Cers.

60. LYS MARTAGON,

LILIUM Martagon.

lieu. Route de Gêdres, & bois des plateaux secondaires.

61. LYS DES PYRÉNÉES.

LILIUM Pyrenaïcum.

lieu. Bois des montagnes secondaires.

Observation. M. Gouan obs. 25 , Tourn. inst. R. Herb. 371 & M. de la Marck fl. fr. 886 , ont mentionné cette plante ; Linné n'en parle point. Elle a beaucoup de rapports avec le lys de pompone dont elle ne differe que par la couleur , & le nombre des fleurs quelquefois moins confidérable. La phrafe du fift. veg. rélative à cette derniere efpece peut faire prendre aifément ces deux plantes l'une pour l'autre , fi l'on n'eft à portée de confulter le fp. pl. ou quelqu'autre ouvrage de botanique plus étendu. En général Linné a trop négligé , felon moi , les caracteres tirés de la couleur des fleurs. Par cette omiffion il a rendu fouvent fes defcriptions incertaines , ou défectueufes.

62. ORNITHOGALE LILIFORME.

ANTHERICUM liliastrum.

Lieu. Pic de Leyrey, plateau ou sommet secondaire.

Observation. Les fleurs de cette plante préfentent au premier coup-d'œil l'afpect de celles du *Lilium Candidum genus nullum in tota claffe liliacea difficilius determinatur*, dit Linné. L'efpece dont nous parlons eft une de celles qui embarraffe le plus un Botanifte. Elle a plutôt l'air d'un *Juncus* ou d'une *Graminée* que d'une *Liliacé*. Le caractere qui paroît avoir engagé M. de la Marck à féparer cette plante des *Anthericum*, me femble bien médiocre, peut-être valoit-il autant la laiffer aller avec fes anciens congéneres : fon nom fpécifique la diftinguoit affez.

63. NARTHEC CALICULÉ. L. M.

ANTERICUM caliculatum.

Lieu. Hautes Pyrénées.

OCTANDRIE. CL. VIII.
MONOGYNIE.

64. ÉPILOBE DE MONTAGNE.
EPILOBIUM Montanum.

lieu. Bois des plateaux inférieurs.

65. ÉPILOBE VELU.
EPILOBIUM hirſutum.

lieu. Vallées , ſur le bord des gaves.

66. AIRELLE MYRTILLE.
VACCINIUM myrtillus.

lieu. Montagnes ſtériles.

67. BRUYERE VULGAIRE.
ERICA vulgaris.

lieu. Montagnes ſtériles ; plateaux inférieurs.

68. BRUYERE MULTIFLORE.

ERICA multiflora.

Lieu. Dans une friche fur la route de Tarbe à Auch , entre Rabaftens & Mirande.

Obfervation. Nous n'ofons affurer que ce foit l'*Erica Multiflora* , quoique la fleur de l'échantillon ait tous les caracteres de cette plante ; mais au lieu d'avoir des feuilles quaternées elles font éparfes fur la tige. Or , on ne connoit jufqu'ici que trois efpeces de Bruyere qui ayent les feuilles éparfes. Deux de ces efpeces font étrangeres ; la 3me. fe trouve bien en France, aux environs de Bayonne ; mais elle differe trop de la nôtre pour pouvoir y être rapportée. Je penfe avec M. de la Marck qu'il y a encore des efpeces de Bruyeres inconnues.

69. LAUREOLE GENTILLE.

DAPHNE Mefereum.

Lieu. En allant de Grip à la marbrière de Campan.

70. LAUREOLE DIOIQUE.

DAPHNE dioica. Murray & Gouan.
Obf. 27.

lieu. Sommet du l'Héyris, enfoncé dans les rochers les plus arides.

Obſervation. Comment a-t-on pu rapporter cette Lauréole comme une variété du *Daphne Thimelea* puiſqu'elle eſt Dioique ? N'y eut-il que cette différence eſſentielle, elle eût dû conſtituer une eſpece dans la flore Françoiſe. L'individu mâle eſt celui que j'ai obſervé ; il étoit en fleurs le 3 d'Aout.

71. LAUREOLE ODORANTE.

D A P H N E eneorum.

lieu. Pic du Midi, pic de Leyrey, ſur les hautes cîmes.

T R I G Y N I E.

72. RENOUÉE BISTORTE.
P O L Y G O N U M biſtorta.

lieu. Sur le chemin qui conduit de Bagnéres au village d'Aſté.

TETRAGYNIE.

73. PARISETTE A QUATRE FEUILLE.

PARIS quadrifolia.

lieu. Montagne de l'Héyris.

DÉCANDRIE. CL. X.

MONOGYNIE.

74. ROSAGE OU ROSACIER FERRUGINEUX.

RHODONDENDRON ferrugineum.

lieu. Hautes montagnes.

Observation. Les feuilles font fujettes à être piquées par un infecte ; ce qui occafionne enfuite fur ces mêmes feuilles des efpeces de gales ou de veffies globulaires, qu'on prendroit au premier coup-d'œil pour les fruits de cette plante, fi déja l'on ne connoiffoit point leur figure. Ces gales ont un goût fucré affez agréable ; mais il pourroit être dangereux d'en manger.

75. ARBOUSSIER BUSSEROLE.

ARBUTUS uva urfi.

lieu. A deux ou trois cens toifes d'élévation au-deffus de Barége , fur le pic de
Leyrey, &c. &c.

76. PYROLE A FEUILLES RONDES.

PYROLA rotundifolia.

lieu. Bois & lieux couverts du pic de
Leyrey.

DIGYNIE.

77. SAXIFRAGE Cotyldone & Var.

SAXIFRAGA Cotyledone & Var. p.

lieu. Sur les rochers, & principalement
la variété fur des rochers, la plupart inac-
ceffibles.

*Obfervation. Var. p. Saxifraga fedi folio , flore
albo , multiflora.* Tourn. inft. rei her, 252. Plante
fuperbe,

78. SAXIFRAGE MIGNONETTE.

SAXIFRAGA geum.

lieu. Sur les rochers ombragés.

79. SAXIFRAGE OMBRAGÉE.

SAXIFRAGA umbrosa.

lieu. Sur les rochers ombragés.

80. SAXIFRAGE RUDE.

SAXIFRAGA aspera.

lieu. Rochers humides.

81. SAXIFRAGE D'AUTOMNE.

SAXIFRAGA autumnalis.

lieu. Rochers ombragés.

82. SAXIFRAGE GRANULÉE.

SAXIFRAGA granulata.

lieu. Rochers ombragés, un peu au-dessus de Barége, en remontant la vallée.

(215)

83. SAXIFRAGE TRIDACTYLE.

SAXIFRAGA tridactylites.

lieu. Dans les vallées, fur les rochers, les murailles.

84. SAXIFRAGE DES GAZONS.

SAXIFRAGA cæfpitofa.

lieu. Les rochers.

85. ŒILLET BARBU.

DIANTUS barbatus.

lieu. Rochers arides & élevés.

86. ŒILLET DES CHARTREUX.

DIANTHUS cartufianorum.

lieu. Rochers arides & élevés.

87. ŒILLET FRANGÉ.

DIANTHUS plumarius.

lieu. Sur les hautes montagnes qui gardent la neige neuf mois de l'année.

Obfervation. Les écailles calicinales ne font

point petites & arrondies comme le dit Linné.
Elles font au contraire allongées, & fe terminent
en pointe. Cette plante fournit beaucoup de variétés. Voyez M. de la Marck fl. Fr. 560.

88. ŒILLET DE ROCHE.

DIANTHUS rupeſtris.

lieu. Rochers.

TRIGYNIE.

89, CARNILLET PENCHÉ.

SILENE nutans.

lieu. Les rochers & les lieux arides.
Obſervation. Selon l'obſervation récente de quelques botaniſtes, cette plante manque de l'ap-
pendice florale qui conſtitue le genre des *Silene*
de Linné, & doit appartenir aux *Cucubalus* du
même auteur.

90. CARNILLET CONIQUE.

SILENE conica.

lieu. Rochers.

91. CARNILLET CASSEPIERRE.
SILENE saxifraga.

lieu. Rochers.

92. CARNILLET MOUSSIER.
SILENE acaulis.

lieu. Pic du Midi, Tourmalet, pic de Leyrey ; fur les fommets primitifs & fupérieurs.

Obfervation. La racine de ce *Silene*, très confidérable par rapport au petit volume de la plante ; fe divife & produit des rameaux élevés en maniere de branches qui vont porter des feuilles & des fleurs à la fuperficie de la terre. Cette racine pourroit être confidérée comme une forte de tige fouterraine. La figure 379 de Barrelier repréfente affez bien cette fingularité, je ne fache pas qu'elle ait encore été remarquée des naturaliftes.

93. STELLAIRE DES BOIS.
STELLARIA nemorum.

lieu. Lieux couverts des plateaux inférieurs

94. STELLAIRE GRAMINÉE.

STELLARIA graminea.

lieu. Lieux couverts des plateaux inférieurs.

95. SABLINE ROUGE.

ARENARIA rubra , five media.

lieu. Plateaux fupérieurs & inférieurs.

Obfervation. J'ignore fi la fleur eft rouge ;
ayant ceuilli la plante défleurie. Il fe peut que
ce foit l'*Arenaria Media* de Linné , les membranes
ou ftipules vaginales des feuilles font très-vifibles
dans l'échantillon.

96. CERAISTE GRAMINÉ.

CERASTIUM ftrictum.

lieu. Plateaux inférieurs.

97. CERAISTE A LONGS PEDUNCULES.

CERASTIUM manticum.

lieu. Plateaux inférieurs.
Obfervation. Cette plante n'eft point dans la
fl, Franc.

DODÉCANDRIE. CL. XI.
TRIGYNIE.

98. RESEDA GLAUQUE.
RESEDA glauca.

lieu. Sur les rochers.

99. RESEDA ÉTOILÉ.
RESEDA sesamoides.

lieu. Sur les rochers arides à la gauche du vallon supérieur qui conduit de Gêdres à Notre-Dame de Héas.

Observation. Seroit-ce une variété ? les individus que j'ai recueillis avoient tout au plus trois pouces de hauteur en plaine fructification.

100. CHERLERIE A GAZONS.
CHERLERIA sedoides.

lieu. Sommets supérieurs du pic du Midi & du pic de Leyrey.

DODÉCAGYNIE.

101. JOUBARBE DE MONTAGNE.
SEMPERVIVUM montanum.

lieu. Sur les rochers, & dans les lieux
ſtériles des montagnes.

ICOSANDRIE. CL. XII.
DIGYNIE.

102. ALISIER COMMUN.
CRATÆGUS aria.

lieu. Environs de Gavarnies.

103. ALISIER TORMINAL.
CRATÆGUS torminalis.

lieu. Bois des vallées.

TRIGYNIE.

TRIGYNIE.

104. SORBIER DES OISELEURS.

SORBUS aucuparia.

lieu. Environs de Gavarnies ; efcarpement à la gauche du vallon fupérieur qui conduit à Notre - Dame de Héas , où ces arbres font un fuperbe effet lors de la maturité de leurs fruits.

PENTAGYNIE.

105. NEFLIER DIGYNE.

MESPILUS, chamæ Mefpilus.

lieu. Près de Gavarnies, fur la route de Gêdres.

Obfervation. Il n'eft point rapporté dans la fl. Franc. J'ai cru pouvoir lui donner le nom de *Digyne* en attendant qu'il y en eut un autre dans notre langue, & d'après l'obfervation de M. Haller qui n'a trouvé que deux piftils dans la fleur de cet arbriffeau.

P

106. NEFLIER PYRACANTHE.
(buisson ardent.)

M E S P I L U S pyracantha.

lieu. Entre Rabastens & Mirande, dans une friche sur le bord du chemin.

107. SPIRÉE FILIPENDULE.

S P I R Æ A filipendula.

lieu. Dans les vallées, & prez de Saint-Marthory, en Comminges.

108. SPIRÉE ULMAIRE.

S P I R Æ A ulmaria.

lieu. Dans les prairies des vallées.

P O L I G Y N I E.

109. RONSE FRAMBOISIERE.

R U B U S idæus.

lieu. Dans les bois élevés de la montagne d'Arris, & ailleurs.

110. POTENTILLE DORÉE.

POTENTILLA aurea.

lieu. Plateaux inférieurs, dans les bois, & les lieux ombragés.

Observation. Il paroit très-vraisemblable que cette plante n'est qu'une variété du *P. Verna*, due aux qualités plus éminentes du sol & de l'air des montagnes. Les feuilles radicales sont quinées, & les caulinaires ternées.

111. POTENTILLE BLANCHE.

POTENTILLA alba.

lieu. Plateaux inférieurs, dans les bois, & les lieux ombragés.

112. BÉNOITE TRAÇANTE.

GEUM reptans.

lieu. Pic de Lisse, au-dessus de la caverne où l'on tire l'amiante.

113. DRYADE OCTOPÉTALE.

DRYAS octopetala.

lieu. Pic de Lisse, au-dessus de la caverne d'où l'on tire l'amiante, & sur le sommet des plateaux secondaires des environs.

POLYANDRIE. CL. XIII.

MONOGYNIE.

114. PAVOT JAUNE.

PAPAVER cambricum.

lieu. Par-tout, sur les plateaux secondaires, & principalement très-commun sur les bords des sentiers, des prairies ou des endroits cultivés.

115. CISTE A FEUILLE DE SAUGE.

CISTUS salvifolius.

lieu. Sur le chemin de Toulouse à Lévignac, dans les taillis.

116. CISTE À FEUILLE DE MYRTHE.

CISTUS marifolius.

lieu. Plateaux inférieurs.

Observation. La dénomination spécifique de cette plante me semble mauvaise. Le Myrthe n'a pas la surface inférieure de ses feuilles blanche, ni leur partie supérieure chargée de poils soyeux & couchés comme dans la Pilofelle.

117. CISTE A FEUILLE DE LEDON.

CISTUS ledifolius.

lieu. Plateaux inférieurs.

118. CISTUS HÉLIANTHÉME.

CISTUS helianthemum.

lieu. Plateaux inférieurs.

TRIGYNIE.

119. ACONIT LYCOTOME.
ACONITUM lycotomum.

lieu. Sur le sommet ou la pêne du 'Héyris.

120. ACONIT NAPEL.
ACONITUM napellus.

lieu. Commun aux environs de Gavarnies.

121. ACONIT SALUTIFERE.
ACONITUM anthora.

lieu. Notre - Dame de Héas.

POLYGYNIE.

122. ANÉMONE HÉPATIQUE.
ANEMONE hepatica.

lieu. Pic de Leyrey , dans le bois, en montant au sommet du plateau inférieur.

123. ANÉMONE PRINTANIERE.

ANEMONE vernalis.

Lieu. Pic de Leyrey, plateau inférieur.

124. ANÉNOME PULSATILLE.

ANEMONE pulſatilla.

lieu. Sommet du plateau inférieur du pic de Liſſe, au - deſſus de la roche où l'on recueille l'amiante; & ſur le pic de Leyrey.

125. ANÉMONE DES ALPES.

ANEMONE alpina.

lieu. Sommet du plateau inférieur du pic de Liſſe, au-deſſus de la roche où l'on recueille l'amiante ; & ſur le pic de Leyrey.

126. ANÉMONE OMBELLÉE.

ANEMONE narciſiflora.

lieu. Pic de Leyrey, plateau inférieur.

P 4

127. ATRAGENE DES ALPES,

ATRAGENE alpina.

lieu. Pic de Liſſe , au‑deſſus de la ca‑
verne où l'on trouve l'amiahte.

128. PIGAMON MINEUR.

THALICTRUM minus.

lieu. Environs du village de Cers , près
Barége.

129. PIGAMON A FEUILLES D'ANCHOLI.

THALICTRUM aquilegifelium.

lieu. A l'entour de Barége.

130. RENONCULE DES PYRÉNÉES.

RANUNCULUS pyrenœus.

lieu. Hauts ſommets du pic de Leyrey.

131. RENONCULE VENIMEUSE,

Ranunculus thora.

lieu. Au deſſous du Tourmalet, en allant vers Grip.

Obſervation. Mal nommée ; parce que les plantes de ce genre ſont toutes plus ou moins ve-
nimeuſes.

132. RENONCULE AMPLEXICAULE.

Renonculus amplexicaulis.

lieu. Hauts ſommets du pic de Leyrey,

133. RENONCULE A FEUILLE D'ACONIT.

Ranunculus aconitifolius.

lieu. Dans les bois de plateaux ſecondaires.

134. RENONCULE DES FRIMATS.

Ranunculus nivalis.

lieu. Hauts ſommets des Pyrénées.

Obſervation. Je poſſéde pluſieurs échantillons
d'une plante qui a le *Facies* du *Ranunculus Ni-*

valis, quoique un peu moins haute & que fes feuilles tant radicales que caulinaires, foient un peu moins profondément découpées. Cette plante n'eft cependant point la Renoncule des frimats. Elle eft à la vérité fans collerette ; mais elle n'a ni nectaires, ni calice, & l'abfence de ces caracteres la conftitue fans difficulté du genre des Anémones. Perfuadé de cette idée, j'ai cherché dans Linné, Tournefort, l'Ency. méthodique, mais je n'ai rien trouvé dans le genre des Anémones, qui fe rapportât à mes échantillons. Si je ne me trompe, la plante dont il s'agit, eft encore inconnue des botaniftes, & fait la chaîne qui lie les Renoncules aux Anémones. Elle a été ceuillie fur les Alpes du Dauphiné.

DIDYNAMIE. CL. XIV.

GYMNOSPERMIE.

135. GERMANDRÉE SAUVAGE.

TEUCRIUM fcorodonia.

lieu. Dans les vallées.

Obfervation. Par un de ces abus qu'on ne peut concevoir, fur-tout après avoir lu les judicieufes réflexions confignées dans la préface de la Flore Françoife, page 86, le *Teucrium Sco-*

ronia de Linné reçoit chez nous le nom spécifique le plus singulier qu'on puisse imaginer pour une plante. De pareilles épithetes sont-elles applicables à des végétaux, qui par leur nature ne ne peuvent être ni sauvage ni civilisés ?

136. GERMANDRÉE DES PYRÉNÉES.

TEUCRIUM Pyrenaïcum.

lieu. Plateaux inférieurs, principalement au Nord, & tout près du bourg de Barége.

137. SARIETTE DE MONTAGNE.

SATUREIA montana.

lieu. Sur les rochers en allant de Barége au village de Cers, & au passage de l'Echelle sur la route de Gêdres.

138. CRAPAUDINE DE MONTAGNE.

SIDERITIS montana.

lieu. Plateaux inférieurs, lieux arides.

139. CRAPAUDINE indéterminée.

lieu. Plateaux inférieurs, lieux arides.

Observation. Je prendrois volontiers ce *Sidéri-tis* pour le *Scordioïdes* , s'il n'avoit les fléurs rouges.

140. MENTHE SAUVAGE.
MENTHA sylveſtris.

lieu. Sur le bord des gaves.

Observation. Encore le nom ſpécifique de *Sau-vage !* pourquoi ne pas le changer en celui de Sylveſtre? il eſt, ce me ſemble , tout auſſi ſignificatif que le premier, & plus raiſonnable.

141. BÉTOINE ALOCUPEROIDE.
BETONICA alocuperos.

lieu. Plateaux inférieurs.

Observation. Bétoine jaune , fl. franc. ; B. alocuperoïde , Enc. méth.

142. STACHIDE DES ALPES.
STACHIS alpina.

lieu. Dans les bois élevés.

Observation. Epiaire , Flor. Franc.

143. STACHIDE COUCHÉE.
STACHYS procumbens.

lieu. Lieux arides des plateaux inférieurs.
Observation. Je trouve à ma plante tous les caracteres qui peuvent lui convenir ; les bractées feulement me femblent plus épineufes qu'elles ne doivent l'être d'après les defcriptions. M. de la Marck la rapporte au *Sideritis Hirfuta* Fl. Franc. 426. Il y a dans ce dernier genre & dans celui des *Stachys* des ambiguités qui fe repréfentent fans ceffe, & qui embarraffent beaucoup les Botaniftes.

144. THIM CILIÉ.
THYMUS zigis.

lieu. Plateaux inférieurs.

145. THIM SERPOLET.
THYMUS ferpilium.

lieu. Plateaux inférieurs.

146. CALEMENT DE MONTAGNE.
MELISSA calamintha.

lieu. Plateaux inférieurs.

147. BRUNELLE VULGAIRE.

BRUNELLA vulgaris.

lieu. Plateaux inférieurs.

148. BRUNELLE GRANDIFLORE.

BRUNELLA grandiflora.

lieu. Plateaux inférieurs ; j'ai commencé à la trouver près de Montréjeau.

Obfervation. Pourquoi ne pas faire de cette plante une efpece particuliere, comme Tournefort. Inft. rei. herb. 182? la grandeur conftante de fa corolle la rend affez remarquable.

ANGYOSPERMIE.

149. MÉLAMPYRE CRÊTÉ.

MELAMPYRUM criftatum.

lieu. Bois taillis fur la route de Touloufe à Lévignac.

250. MÉLAMPIRE DES CHAMPS.

MELAMPYRUM arvenſe.

lieu. Bois taillis ſur la route de Touloufe à Lévignac.

151. PÉDICULAIRE DES BOIS.

PEDICULARIS ſylontica.

lieu. Dans les bois des plateaux infé-rieurs.

152. PÉDICULAIRE CHEVELUE.

PEDICULARIS comoſa.

lieu. Plateaux inférieurs.

153. MUFFLIER DES ALPES.

ANTIRRHINUM alpinum.

lieu. Plateaux inférieurs ſur les rochers.

154. MUFFLIER MOLLET.

ANTIRRHINUM molle.

lieu. Sur les murs du cimetiere de l'églife

de Gêdres , vallée de Gavarnies ; fleuri le 17 Juillet.

Obfervation. Cette plante n'eft point rapportée dans la Flore Françoife. Linné dit qu'elle croît en Efpagne ; l'églife de Gêdres n'en eft pas loin.

155. SCROPHULAIRE MULTIFIDE.

SCROPHULARIA canina.

lieu. Le long des chemins dans les vallées.

156. DIGITALE POURPRÉE.

DIGITALIS purpurea.

lieu. Près de l'Efcalette , en allant du Tourmalet à Grip ; ainfi qu'aux environs de la marbriere de Campan.

157. DIGITALE JAUNE.

DIGITALIS lutea.

lieu. Vallée de Gavarnies , & avant d'arriver au *cahos* de Notre-Dame de Héas.

158.

158. ÉRINE DES ALPES.

E R I N U S alpinus.

lieu. Dans les rochers humides des plateaux inférieurs.

159. OROBANCHE MAJEURE.

O R O B A N C H E major.

lieu. Prez & bois des plateaux inférieurs.

TÉTRADYNAMIE. CL. XV.

S I L I C U L E U S E.

160. PASSERAGE DES ALPES.

L E P I D I U M alpinum.

lieu. Hautes Pyrénées.

161. IBÉRIDE AMERE.

I B E R I S amara.

lieu. Plateaux inférieurs ; vallées.

Q

SILIQUEUSE.

162. DENTAIRE QUINTE-FEUILLE.

DENTRIA pentaphyllos.

lieu. Montagne de l'Héyris, plateaux inférieurs dans les bois, ou montagne d'Arris.

163. ARABETTE BELLIDIFORME.

CARDAMINE bellidifolia.

lieu. Plateaux inférieurs, bois & lieux ombragés.

Observation. Incertain entre cette efpece & le *Refedifolia.*

164. ROQUETTE SAUVAGE.

. BRASSICA erucaftrum.

lieu. Plateaux inférieurs, bois, lieux & vallées ombragées.

165. CAMELINE A MASSETTES.

BUNIAS erucago.

Lieu. Chemin de Toulouse à Lévignac.
Observation. Myagrum clavatum. Fl. Franc.
509, Myagrum erucago, Encyclopédie méthodique.

MONADELPHIE. CL. XVI.

DÉCANDRIE.

166. GÉRANION LIVIDE.

GERANIUM pheum & fuscum.

lieu. Dans les bois des plateaux inférieurs,
& sur le bord des gaves.
Observation. M. de la Marck a réuni ces deux
especes de Linné sous le nom de *Geranion li-*
vide.

167. GÉRANION DES BOIS.

GERANIUM sylvaticum.

lieu. Dans les bois des plateaux inférieurs,
& sur le bord des gaves.

168. GÉRANION LUISANT.

GERANIUM lucidum.

lieu. Dans les bois des plateaux inférieurs, & fur le bord des gaves.

169. GÉRANION SANGUIN.

GERANIUM fanguineum.

lieu. Dans les bois des plateaux inférieurs, & fur le bord des gaves.

Obfervation. Je n'ai point rencontré dans les montagnes qui bordent la vallée de Barége *le Geranium Striatum*, bien qu'il y foit indiqué par M. l'abbé P ***

POLYANDRIE.

170. MAUVE ALCÉE.

MALVA alcea.

lieu. Dans les vallées ; environs de Lourdes & de Tarbes.

DIADELPHIE. CL. XVII.
DÉCANDRIE.

171. BUGRANE GLUANTE.
ONONIS natrix.

lieu. Plateaux inférieurs.

172. BUGRANE DES CHAMPS.
ONONIS arvenſis.

lieu. Plateaux inférieurs & vallées.

173. CORONILLE DES JARDINS.
CORONILLA emerus.

lieu. Vallées & plateaux inférieurs.

174. CORONILLE BIGARÉE.
CORONILLA variegata.

lieu. Vallées & plateaux inférieurs.

Obſervation. On accuſe dans l'Encyclopédie méthodique l'auteur du ſpec. de la nature, d'a-

voir pris la Coronille bigarée pour le Sainfoin
commun. J'avoue qu'il m'eſt impoſſible de trouver dans la page 23 du 3e. vol. , citée par M.
de la Marck , & même dans tout le 17e entre-
tien, la moindre choſe qui me paroiſſe juſtifier
une pareille allégation.

175. FER-A-CHEVAL Multiſiliqueux

ou vivace.

HYPPOCRÉPIS multiſiliqua , ſive comoſa.

lieu. Sur les rochers qui bordent le ſentier en allant de Barége au village de Cers.

Obſervation. Lors de la rédaction de ce catalogue , j'avois égaré les échantillons de cette
eſpece d'*Hyppocrepis* ; ne l'ayant plus ſous les
yeux, je n'ai pu le citer que d'une maniere
incertaine. Si néanmoins ma plante eſt , comme
je crois m'en ſouvenir , l'*Hyppocrepis Comoſa* ,
les fleurs ſont ſans doute pédunculées ; mais je
me rappelle que ſes péduncules ſont bien courts.
M. de la Marck a dit qu'ils étoient plus longs
que les feuilles. Veut-il parler de la hampe , ou
péduncule radicale , qui ſupporte la tête florale ?
En ce cas, le caractere dont il s'agit ſeroit le
même pour toutes les eſpeces du genre.

176. ASTRAGALE DE MONTAGNE.

ASTRAGALUS montanus.

lieu. Sommets des plateaux inférieurs.

177. TRÉFLE DES ALPES.

TRIFOLIUM alpinum.

lieu. Sommets des plateaux inférieurs.

178. LOTIER SILIQUEUX.

LOTUS siliquosus.

lieu. Prairies des plateaux inférieurs.

POLYADELPHIE. CL. XVIII.

POLYANDRIE.

179. MILLE-PERTUIS BACCIFERE.

HYPERICUM androsœmum.

lieu. Montagnes de l'Héyris & d'Arris, dans les bois.

Q 4

180. MILLE-PERTUIS ÉLÉGANT.

HYPERICUM pulchrum.

Lieu. Plateaux inférieurs, bois de l'Arris, ainſi que des autres montagnes.

181. MILLE-PERTUIS MONNOYER.

HYPERICUM nummularium.

Lieu. Plateaux inférieurs, bois de l'Arris, ainſi que des autres montagnes.

SINGÉNÉSIE. CL. XIX.
POLYGAMIE.

182. LAITRON LAMPSANIER.

SONCHUS lampranoïdes.

Lieu. Dans les bois de la montagne d'Arris , endroits couverts & humides.

Obſervation. M. Gouan l'a rangé parmi les *Hieracium.*

183. ÉPERVIERE DES ALPES.

HIERACIUM alpinum.

lieu. Hauts fommets.

Obfervation. Il peut y avoir quelque doute rélativement à l'échantillon de cet *Hieracium.* Peut-être appartient-il à l'*Hieracium aureum* de M. de la Marck. En général, les variétés de ces deux efpeces font fi nombreufes, qu'on ne trouve rien de certain, ni d'exclufif, dans les defcriptions qu'en ont données les auteurs.

184. ÉPERVIERE DES MURS.

HIERACIUM murorum.

lieu. Sommets des plateaux inférieurs fur les rocailles.

Obfervation. Les variétés de cette efpece font encore plus nombreufes que celles de la plante précédente.

185. CHARDON FRISÉ.

CARDUUS crifpus.

lieu. Dans les vallées.

186. QUENOUILLETE ARTICHAUT.
C N I C U S centauroïdes.

lieu. Bois des plateaux inférieurs.

Obfervation. J'adopte ici la dénomination fpé-cifique de M. de la Marck. Cette plante étant fi femblable à l'Artichaut commun qu'il eft très-poffible de s'y méprendre au premier coup-d'œil, & avant d'avoir examiné les parties de la fruc-tification.

Ce *Cnicus* fe rapproche bien plus de l'Artichaut commun que d'aucune Centaurée.

187. CARLINE SANS TIGE.
C A R L I N A acaulis.

lieu. Sommets ou plateaux inférieurs.

Obfervation. Cette fuperbe plante ne peut être, rigoureufement parlant, dite *Sans tige* ; attendu que fa fleur n'eft pas feffile ; mais qu'elle eft réellement fupportée par une efpece de *Hampe*, qui quoique très-baffe à la vérité, fe divife quelquefois, & produit même alors des fleurs latérales.

188. CARLINE DES PYRÉNÉES.

C A R L I N A Pyrenaïca.

Lieu. Sommets ou plateaux inférieurs ; très-abondante dans les environs de Gavarnies.

Obfervation. Cette plante eft horriblement hériffée d'épines. Elle n'eft point dans la flore Françoife.

189. CACALIE RÉNIFORME,

& CACALIE à feuille de Pétafite.

C A C A L I A alpina.

Lieu. Montagne de l'Héyris.

Obfervation. Les feuilles ne font point cotoneufes en deffous. Les efpeces herbacées de ce genre ont befoin d'un nouveau travail. Que devient dans l'Enc. méth. *le Cacalia Alliaria* de M. Gouan rapporté comme fynonime dans la fl. Françoife ?

POLYGAMIE SUPERFLUE.

190. TUSSILAGE DES ALPES.

TUSSILAGO alpina.

lieu. Plateaux, ou sommets inférieurs.

191 ASTER DES ALPES.

ASTER alpinus.

lieu. Sommets inférieurs du pic de Lisse, vulgairement la Piquette, un peu au-dessus de la caverne d'où l'on tire l'Amiante.

192. VERGE D'OR COMMUNE.

SOLIDAGO vulgaris. L. M.

lieu. Bois de l'Héyris.

Observation. Pourquoi M. de la Marck n'a-t-il pas cité le nom spécifique de Linné, en rapportant les synonimes de Tournefort, ou plutôt des Bauchins ?

193. BUPHTALME ÉPINEUX.
BUPHTALMUM *ſpinoſum.*

lieu. Vallées.

POLYGAMIE FRUSTANÉE.

194. JACÉE AILÉE.
CENTAUREA montana.

lieu. Sommet, ou pene de l'Héyris.

195. CENTAURÉE SCABIEUSE.
CENTAUREA ſcabioſa.

lieu. Vallées.

196. CENTAURÉE DES PREZ.
CENTAUREA jacea.

lieu. Plateaux inférieurs.

197. CENTAURÉE GALACTITE.
CENTAUREA galactites.

lieu. Sur le bord du chemin depuis Va-

lence en Agénois jusqu'à Martres, au-des-
sous de Toulouse, vers les Comminges.

Observation. Cette plante est rapportée dans
la fl. Franc. sous la dénomination de *Calcitrape
Galactite*, & dans l'Enc. métho. où le genre
des Calcitrapes n'éxiste plus, elle se retrouve
avec les Centaurées. Tournefort & les anciens
botanistes, ayant moins considéré sa fructification que ses feuilles épineuses, en avoient fait
un chardon.

198. ARNIQUE DE MONTAGNE.

ARNICA montana.

Lieu. Sur les bords escarpés du lac de
Onché, au pic du Midi.

Observation. J'indique ici cette plante sur la foi
de M. Pagés Apothicaire major à Barége.

POLYGAMIE NÉCESSAIRE.

199. COTONNIERE ÉTOILÉE.

FILAGO leontopodium.

lieu. Pic de Lisse, vulgairement appellé
la *Piquette*, un peu au-dessus de la caverne
d'où l'on extrait l'amiante.

Observation. Le nom fpécifique de *Stellata* que M. de la Marck donne à cette belle plante, lui convient mieux que celui dont Linné s'eft fervi pour la défigner dans fes ouvrages. Ne faudroit-il pas auffi changer ici le nom du genre qui doit être fuivant les judicieufes remarques de M. de la Marck le moins fignificatif poffible ?

MONOGAMIE.

200. VIOLETTE CORNUE.
VIOLA cornuta.

lieu. Sommets ou plateaux inférieurs.

201. VIOLETTE TRICOLOR.
VIOLA tricolor.

lieu. Sommets ou plateaux inférieurs.

GINANDRIE. CL. XX.
DIANDRIE.

202. SATIRION NOIR.
SATYRIUM nigrum.

lieu. Bois des plateaux inférieurs.

203. OPHRIS NID D'OISEAU.
O P H R I S nidus avis.

lieu. Bois des plateaux inférieurs.

204. OPHRIS DOUBLE FEUILLE.
O P H R I S ovata.

lieu. Plateaux inférieurs, lieux couverts & ombragés.

Observation. Ophris bifolia, la Marck. fl. Fr.

205. HELLEBORINE à feuilles larges.
S E R A P I A S latifolia.

lieu. Pic de Liffe, vulg. la Piquette.

206. SABOT DE VÉNUS.
C Y P R I P E D I U M calceolus.

lieu. Pic de Liffe, vulg. la Piquette, & au-deffous du lac d'Efcoubou, ou Efcougou, fur la foi de M. Pagés.

Observation. Vénus n'a jamais été négligée des botaniftes ; on trouve dans leur repertoir le Sabot, le Miroir, les Cheveux, le Peigne, le Nombril de cette Déeffe.

MONŒCIE.

MONŒCIE. Cl. XXI.
TETRANDRIE.

207. BOULEAU COMMUN.
BETULA alba.

lieu. Dans les bois des vallées des plateaux inférieurs & des sommets supérieurs.
Observation. Bouleau blanc. Fl. Franc. 180.

208. BOIS ARBORESCENT.
BUXUS arborescens.

lieu. Très commun dans la vallée de Gavarnies, depuis le remarquable passage de l'Echelle jusqu'à Gêdres.

PENTANDRIE.

209. GLOUTERON ÉPINEUX.
XANTHIUM spinosum.

lieu. Sur la route de Saint-Gaudens à Montréjeau ; un seul individu.

R

POLYANDRIE.

210. CHÊNE ROURE.

QUERCUS robur.

lieu. Dans les vallées & bois des plateaux ou sommets inférieurs.

Observation Il n'eſt pas bien commun dans les vallées, & l'eſt encore moins dans les bois des plateaux inférieurs, preſque tous formés de hêtres ou de bouleaux dans la partie que j'ai parcourue.

211. HÊTRE CHATEIGNER.

FAGUS caſtanea.

lieu. Vallées & bois des sommets inférieurs.

212. HÊTRE FORESTIER.

FAGUS ſylvatica.

lieu. Bois des plateaux ou sommets inférieurs.

MONADELPHIE.

213. PIN DE MONTAGNE.
PINUS cembra.

lieu. Forêts des sommets supérieurs.

214. PIN ÉLEVÉ, (Sapin.)
PINUS abies.

lieu. Hautes forêts à mille toises au-dessus du niveau de la mer.

DIŒCIE. CL. XXII.
DIANDRIE.

215. SAULE POURPRÉ
SALIX purpurea.]

lieu. Sur le bord des gaves.

216. SAULE RÉTICULÉ.
SALIX reticulata.

lieu. Pic de Leyrey, sommet du plateau inférieur & au-dessus.

217. SAULE MYRTILLIN.
SALIX myrtilloïdes.

lieu. Plateaux inférieurs.

218. SAULE RAMPANT.
SALIX repens.

lieu. Sommet des plateaux inférieurs.

POLYGAMIE. CL. XXIII.
MONOECIE.

219. VÉRATRE BLANC.
VERATRUM album.

220. ÉRABLE PLATANIER.
ACER platanoïdes.

lieu. Environs de Grip ; enclos des Capucins de Medons, près de Bagnéres.

Observation. Érable Plane , Encyclopédie mét.

CRYPTOGAMIE. CL. XXIV.
FOUGERES.

221. ACROSTIQUE SEPTENTRIONALE.
Acrosticum septentrionale.

lieu. Hauts sommets, dans les fentes des rochers.

222. POLYPODE LONKITE.
Polypodium lonchitis.

lieu. Dans les rochers élevés.

MOUSSES.

223. LYCOPODE A MASSUE.
Lycopodium clavatum.

lieu. Dans les bois épais; les lieux couverts.

224. LYCOPODE ÉPAIS.
Lycopodium selago.

lieu. Dans les bois épais; les lieux couverts.

225. SPHAIGNE DES ALPES.

SPHAGNUM alpinum.

lieu. Hauts sommets dans les endroits humides.

Observation. Cette espece n'est point rapportée dans la Fl. Franc.

A L G U E S.

226. LICHEN DE TERRE.

L I C H E N caninus.

lieu. Dans les bois & les lieux couverts des plateaux inférieurs.

Observation. Terrestris, Fl. Franc. Ce Lichen est bien mal nommé, ce me semble : d'autres especes de Lichen viennent à terre comme celui-ci. Quand est-ce que nous aurons des dénominations exactes ?

227. LICHEN PASCAL.

L I C H E N pascalis.

lieu. Plateaux inférieurs.

(259)

228. LICHEN ENTRELACÉ.

L I C H E N plicatus.

lieu. Bois des plateaux inférieurs, fur les troncs & les branches des vieux arbres.

PENTANDRIE.

229. BOLET CALCÉOLAIRE.
Variété. Bulliard. *Herb. de la France;* pl. 360.

BOLETUS calcéolus. Var.

lieu. Sur les fapins de la montagne d'Arris.

Obfervation. Pédicule latérale; chapeau d'une forme allongée, concave dans fon milieu & un peu rabattu fur les bords; fubftance dure, féche & ligneufe. Situation horifontale. Les individus de cette variété viennent ifolés.

F I N.